Das große SINGER® Nähbuch

Stofftiere

Rabea Rauer und Yvonne Reidelbach

Die Autorinnen

Nach ihrem Modedesign-Studium arbeiteten Rabea Rauer und Yvonne Reidelbach zunächst für mehrere Modelabels im Bereich Design und Schnittmuster. Während ihrer gemeinsamen Tätigkeit als Dozentinnen an einer privaten Modeschule war schnell der Plan gefasst, ein Nähcafé in Berlin-Friedrichshain zu eröffnen. In der „kinkibox" finden Nähfreunde und alle, die es noch werden wollen, jede Menge Möglichkeiten, sich kreativ auszutoben. Rabea Rauer und Yvonne Reidelbach stehen dabei immer mit Rat und Tat hilfreich zur Seite – ob beim Umsetzen eigener Ideen oder während der zahlreichen Nähkurse zu aktuellen Trendthemen. Die detailverliebt und mit gemütlichen Sofas und Sesseln eingerichteten Räume der kinkibox laden nach dem Nähen bei Kaffee und Keksen zum Plaudern aus dem Nähkästchen ein.

www.kinkibox.de

Danksagung

Wir bedanken uns bei der Firma VSM Deutschland GmbH (Karlsruhe) für die Unterstützung beim Erstellen des Buches. www.singerdeutschland.de

Was bedeutet ...

... ein „Rest"?   Als Rest gelten alle Stoffstücke, die kleiner als 15 cm x 15 cm sind.

... der Schwierigkeitsgrad?   Zu jedem Modell ist ein Schwierigkeitsgrad angegeben, dargestellt durch kleine Pfoten. Eine Pfote bedeutet „einfach", diese Tiere sind relativ schnell umzusetzen, auch für Nähanfänger. Die Tiere, die mit zwei Pfoten gekennzeichnet sind, haben einen mittleren Schwierigkeitsgrad. An die Modelle mit drei Pfoten sollten Sie sich nur mit etwas Übung und Geduld wagen, sie sind etwas aufwendiger.

... der Vergrößerungsfaktor?   Ein Teil der Schnittmuster in diesem Buch ist verkleinert abgebildet. Bitte vergrößern Sie alle Schnittmuster (bis auf die gekennzeichneten Ausnahmen) der Seiten 53–64 auf dem Kopierer auf 200 %. Die auf den Anleitungsseiten abgebildeten Schnittmusterteile sind bereits in Originalgröße. Sie müssen nicht mehr vergrößert werden. Bei allen Schnittmusterteilen sind die Nahtzugaben bereits eingerechnet!

... dieser Pfeil → auf den Schnittmusterseiten?   Dieser Pfeil zeigt auf jedem Schnittmusterteil die Strichrichtung bzw. den Fadenlauf des Stoffes an.

Bildnachweis

Alle Fotos: Jochen Arndt, Berlin, außer SINGER®: S. 4, © The Singer Company Limited S.A.R.L; Fotolia.com: © THesIMPLIFY (Karomuster), © ultramarin (Blumenmuster)

Inhalt

Die Nähmaschine

Voraussetzung für erfolgreiches Nähen ist eine Nähmaschine, die gut funktioniert und viele Einstellungen selbst vornimmt. Gerade Anfänger können nicht auf Erfahrungswerte zurück-greifen, aber auch einer fortgeschrittenen Näherin wird die Arbeit damit wesentlich erleichtert.

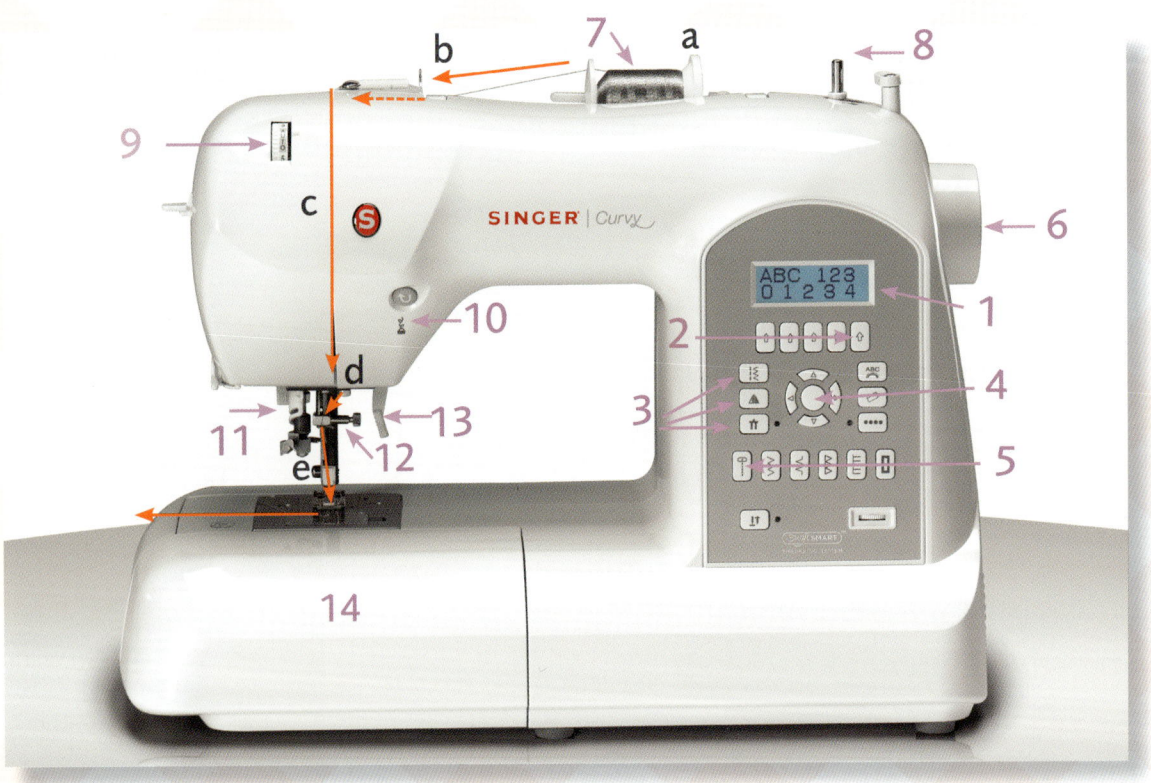

Die grundlegenden Anforderungen an eine neue Näh-maschine, wie eine praktische Handhabung und eine superleichte Bedienung, erfüllt beispielsweise die SINGER Curvy 8770. Dank Computertechnik bietet sie 225 Nähprogramme, sieben verschiedene Knopflöcher und eine breit gefächerte Stichauswahl. Das macht sie auch für diejenigen attraktiv, die nur über ein kleines Budget verfügen.

Mit den Direktauswahltasten können die Stiche prob-lemlos aufgerufen werden. Stichbreite und -länge lassen sich stufenlos – selbst während des Nähens –

mit Schiebereglern einstellen. Ergänzt wird die mo-derne Nähmaschine mit einem automatischen Ein-fädler, einer Schnellstartspule und der automatischen Regelung der Fadenspannung – ein großer Vorteil besonders für Anfänger.

Der abnehmbare Anschiebetisch, in dem sich diverses Zubehör wie zusätzliche Füßchen, Unterfadenspulen usw. übersichtlich verstauen lässt, ermöglicht es, Teile wie Ärmel oder Hosenbeine problemlos unter das Füßchen zu schieben.

Bedienelemente und deren Funktion

1 LCD-Display, hier werden Stichdaten angezeigt und Stichdaten bearbeitet.

2 Multifunktionstasten, die z.B. zur Auswahl des Musters, zur Einstellung der Stichbreite und -länge ode zur Bestätigung von veränderten Einstellungen bzw. zur Rückkehr der Voreinstellung dienen.

3 Tasten für Nutzstiche, Spiegelmuster und Zwillingsnadeln.

4 Pfeil- und Cursortasten, damit bewegen Sie die Anzeige der Mustergruppen, Einzelmuster und den Cursor.

5 Mit den Direktauswahltasten können Sie Stichmuster direkt auswählen.

6 Das Handrad ermöglicht es, einzelne Stiche durch Drehen mit der Hand zu nähen.

7 Waagerecht liegende Garnspulenhalterung

8 Hier wird die Unterfadenspule mit dem gewünschten Garn gewickelt.

9 Einstellrad für die Oberfadenspannung

10 Rücktaste: Solange Sie drücken, näht die Maschine den eingestellten Stich zurück.

11 Der automatische Fadeneinfädler erleichtert das Einfädeln ins Nadelöhr.

12 Auf der Rückseite befindet sich ein Schalter, mit dem sich durch Drücken das Nähfüßchen lösen läßt.

13 Zu Beginn und am Schluss jeder Naht heben bzw. senken Sie mit diesem Hebel das Nähfüßchen.

14 Der Anschiebetisch hält das Nähzubehör griffbereit, dahinter wird die Unterfadenspule eingesetzt.

Einfädeln des Oberfadens

a Die Garnspule wird auf den waagerechten Dorn aufgesetzt.

b Der Faden wird von hinten nach vorn über die Vorspannführung gezogen.

c Der Faden wird weiter auf der linken Seite über die Fadenspannung gelegt, anschließend weiter nach unten gezogen.

d Den Faden nach unten zur Fadenöse über der Nadel führen.

e Den Faden in die Nadelöse einfädeln und unter dem Füßchen nach links ziehen.

Einfädeln der Unterfadenspule

Um die Unterfadenspule aufzuwickeln, setzen Sie die Spule auf den Dorn (8). Den Faden vom Garnhalter (7) zur Spulenführung ziehen, einige Male um die Spule wickeln und den Spulknopf nach rechts zur Spule drücken. Nun geben Sie mit dem Fußpedal Gas und der Faden wird automatisch auf die Spule gewickelt. Die Nadel mit dem Handrad auf die höchste Stellung bringen und die Spulenabdeckung öffnen. Die Spule in die Spulenkapsel einlegen (dreht entgegen dem Uhrzeigersinn), den Faden durch den vorderen Schlitz, weiter nach links hinten zur Seite ziehen und entlang der Rille auf der Stichplatte führen.

So wird's gemacht – die wichtigsten Arbeitsschritte auf einen Blick

Einige Arbeitsschritte und Techniken sind bei vielen Tieren gleich. Auf diesen beiden Seiten lesen Sie, wie's gemacht wird. Die Schritte sind in den einzelnen Nähanleitungen nicht mehr extra beschrieben.

1. Schnittmuster richtig aufstecken

Alle Schnittmusterteile für das ausgewählte Tier aus dem hinteren Teil des Buches kopieren oder mit Pauspapier übertragen. Die Nahtzugaben sind bei allen Teilen bereits eingerechnet. Die Schnittteile ausschneiden. Sämtliche Markierungen, die Anzahl der Zuschnitte sowie Fadenlauf bzw. Strichrichtung des Stoffes mit übertragen. Der Fadenlauf muss parallel zur Webkante des Stoffes liegen (siehe Abb.). Bei Fellstoffen zeigt die Pfeilspitze die Strichrichtung an. Die Einzelteile mit Stecknadeln auf dem Stoff fixieren, dann mit der Stoffschere ausschneiden. Bei doppeltem Zuschnitt den Stoff vor dem Feststecken falten.

3. Ecken sauber nähen

Um eine Ecke zu nähen, nähen Sie entlang der Nahtzugabe bis zum Eckpunkt, dann „drehen" Sie die Nadelspitze mit dem Handrad in den Stoff. Anschließend den Nähfuß anheben, den Stoff in die gewünschte Richtung drehen, Nähfuß wieder senken und fortfahren. So beschrieben, können Sie auch sehr starke Rundungen überwinden.

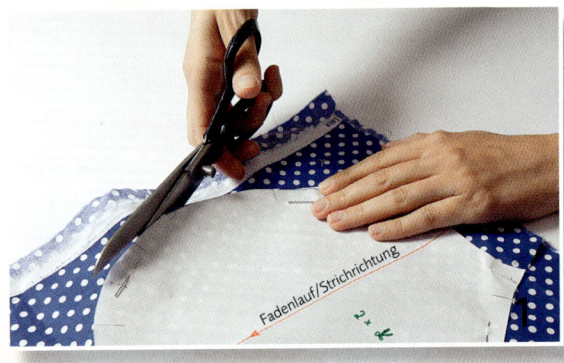

4. Fußsohle rund einnähen

Das Bein seitlich zunähen, der Stoff liegt rechts auf rechts. Die Nahtzugabe evtl. einschneiden, das Bein noch nicht wenden. Dann die Fußsohle in das entstandene Loch legen – die rechte Stoffseite liegt nach innen – und ringsherum mit Nadeln fixieren. Sehr langsam nähen, dabei den Stoff immer wieder gerade ziehen. Auf diese Weise auch andere runde Körperteile wie z.B. einen Bauch, einnähen.

2. Stoff rechts auf rechts legen, Nahtzugabe ein- und zurückschneiden

Für eine gerade Naht legt man die zwei Stoffstücke rechts auf rechts exakt an den zu nähenden Kanten übereinander. Die „schönen" Stoffseiten schauen sich dabei an. Stecken Sie Stecknadeln entlang der Kante bevor Sie mit einem geraden Stich bei Stichlänge „3" nähen. Beachten Sie unbedingt die angegebene Nahtzugabe. Nach dem Nähen muss die Nahtzugabe in Rundungen komplett eingeschnitten werden, sodass keine Zugpunkte entstehen. In Ecken wird sie vor dem Wenden großzügig zurückgeschnitten.

5. Körperteile am Kopf oder Körper vorfixieren

Damit die einzelnen Körperteile beim Zusammennähen nicht verrutschen und komplett gefasst werden, empfiehlt es sich, sie am Körper zu fixieren. Beachten Sie, dass das Körperteil auf der rechten Körperseite liegt und zur Körpermitte zeigt. Nähen Sie es knappkantig mit wenigen Millimetern Rand an.

6. Körperteile anbringen

Sobald die Körperteile an einer Körperseite fixiert sind, legt man die zweite Körperseite darüber. Die rechten Stoffseiten liegen zueinander, das Körperteil liegt dazwischen und zeigt zur Körpermitte.

7. Reißverschluss einnähen

Den geöffneten Reißverschluss mit der Außenseite auf die rechte Stoffseite legen. Mit einigen Nadeln feststecken. Jetzt knapp an den Reißverschlusszähnen entlangnähen. Den Rest der Naht oberhalb und unterhalb des Reißverschlusses schließen.

8. Wendeöffnung verdeckt schließen

Stecken Sie die Wendeöffnung mit ein paar Stecknadeln so zu, dass die Nahtzugaben nach innen liegen. Einen Faden einfach einfädeln und verknoten. Man setzt ca. 1 cm hinter der Öffnung von innen an, sodass der Knoten verschwindet. Nun geht man von Seite zu Seite entlang der gefalteten Kante. Versuchen Sie, wenn die Nadel aus dem Stoff austritt, in dasselbe Austrittsloch wieder einzustechen, um fortzufahren. Am Ende der Öffnung den Faden verknoten.

9. Mund mit Polsternadel aufsticken

Eine Polsternadel kommt mühelos durch dicke Stoffe. Nehmen Sie einen Wollrest doppelt, verknoten Sie das Ende nicht. Setzen Sie am Rand des Mundes an, der Faden wird nicht ganz durchgezogen. Mit Rückstichen arbeiten Sie nun die Linie für den Mund. Am Ende ziehen Sie den Faden nach innen und treten an einer vom Mund etwas entfernten Stelle aus dem Körper, hier wird der Faden kurz abgeschnitten und verschwindet im Inneren des Tieres.

Komm zu mir, Kuscheltier!

Das brauchen Sie: Vorlage S. 11

- Nickistoff in Hellblau, 30 cm breit, 20 cm lang
- Satinband in Königsblau, 5 mm breit, 50 cm lang
- weitere Satinbänder nach Wahl für die Greiflaschen
- Seidenkordel in Blau, 90 cm lang
- Nähgarn in Hellblau, Stickgarn in Königsblau
- Füllwatte, Holzring, ø ca. 8 cm

Greifling Elefant

Größe: 17 cm x 14 cm ❀ Schwierigkeitsgrad

Dieser Babyelefant aus kuschelweichem Nickistoff ist ein perfekter Spielgefährte für die ganz Kleinen. Babys lernen mit diesem Tier spielerisch das Greifen, die vielen Schlaufen und das geflochtene Kordelschwänzchen laden zum Entdecken ein. Der Elefant ist schnell genäht und ein wunderbares Geschenk für jedes Neugeborene.

So wird's gemacht

Zuschneiden:

aus Nickistoff: 4 x Ohr und 2 x Körper, inkl. 5 mm Nahtzugabe

1 Die Ohren paarweise rechts auf rechts legen und 5 mm breit steppen. Zum Wenden an der Kopfseite eine Öffnung lassen. Die Ohren glatt bügeln.

2 Den Kopf jeweils an der Markierung für das Ohr einschneiden. Das Ohr einpassen und von links knapp vernähen, dabei die Nahtzugabe am Körper stehen lassen.

3 Für die Greiflaschen die gefalteten Satinbänder rechts auf rechts mit den offenen Kanten zum Rand des Körpers auf den Stoff legen und knapp fest-steppen.

4 Aus drei gleich langen Kordeln das Schwänzchen flechten und an beiden Enden gut verknoten. Das Schwänzchen an entsprechender Stelle an einem Körperteil festnähen.

5 Die beiden Körperteile rechts auf rechts legen und 5 mm breit zusammennähen. Greiflaschen, Schwänzchen und Ohren müssen dabei sicher auf dem Körper liegen, sodass nichts versehentlich festgenäht wird.

6 Vor dem Wenden die Nahtzugabe in den Ecken und Rundungen vorsichtig einschneiden, dann den Stoff wenden und mit Watte füllen. Anschließend den Holzring positionieren und die innere Kreisöffnung von Hand zunähen.

7 Auf jeder Körperseite ein sternförmiges Auge auf-sticken. Bitte keine Knöpfe als Augen verwenden, da Verschluckungsgefahr.

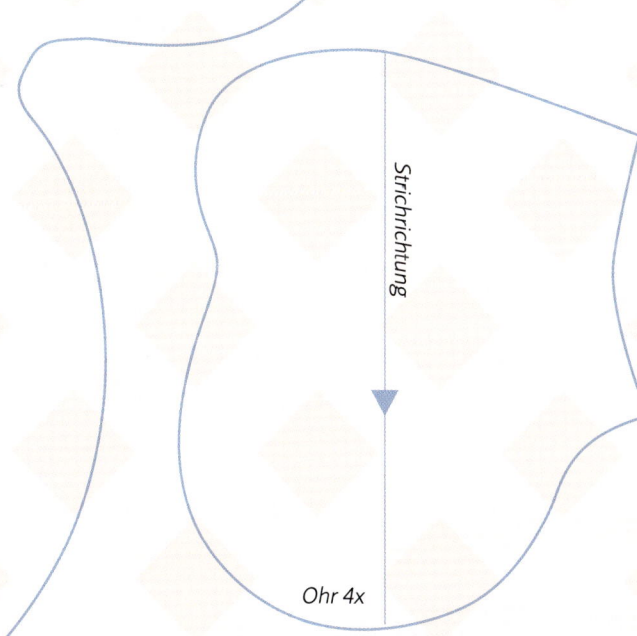

Strichrichtung

Ohr 4x

Körper 2x

Das brauchen Sie: Vorlage S. 58

• 5 Baumwolljerseyreste in Rosa-Hellblau-Pastell-Tönen

• 4 Bündchenstoffreste in Rosa-Hellblau-Pastell-Tönen

• Füllwatte

• farblich passendes Garn

• 1 Holzklemme zum Befestigen der Schnullerkette

• Stickgarn (Augen und Mund)

• Kordel in Gelb (Fühler), 15 cm lang

• Kordel in Rot, 25 cm lang

Schnullerkette Raupe

Größe: 25 cm x 4 cm ❀ Schwierigkeitsgrad

Diese bunte Schnullerkette geht bestimmt nicht verloren und das ewige Suchen nach dem kleinen Seelentröster hat ein Ende. Ein gern gesehenes Geschenk für die frisch gebackenen Eltern und einen zufriedenen Nachwuchs.

So wird's gemacht

Zuschneiden:

aus Baumwolljersey: 5 x Rechteck 9 x 4 cm, inkl. 5 mm Nahtzugabe;

aus Bündchenstoff: 4 x Rechteck 5,5 x 2,5 cm, inkl. 5 mm Nahtzugabe

1 Jeweils abwechselnd an den langen Seiten ein großes und ein kleines Rechteck mit Zick-Zack-Stich aneinandernähen. Dabei das kleine Rechteck so dehnen, dass es an das große passt.

2 Nun die Raupe rechts auf rechts der Länge nach mittig falten und mit 5 mm Nahtzugabe die lange Naht schließen. Eine 5 cm große Wendeöffnung an der langen Naht lassen.

3 Die Holzklemme mit einem 10 cm langen Stück der roten Kordel umschlingen und am Ende der Raupe auf der linken Stoffseite festnähen. Das Ende der Raupe von der linken Stoffseite aus mit einigen großen Stichen rundherum zusammenziehen und gut vernähen.

4 Die gelbe Kordel für die Fühler so durch die beiden Markierungen führen, dass die beiden Enden im Inneren des Schlauches liegen. Dafür vorher an den Markierungen kleine Schnitte anbringen. Die Enden der Fühler jeweils verknoten.

5 Ein Stück rote Kordel von ca. 15 cm Länge verknoten und auf der linken Seite des Raupenkopfes anbringen. Kordel und Kopf von Hand mit großen Stichen festnähen. Anschließend das Ende der Raupe

mit dem Nähfaden zusammenziehen, gut vernähen und die Raupe durch die Öffnung wenden.

6 Die Raupe mit Watte füllen, die Wendeöffnung verdeckt von Hand schließen und Augen und Mund aufsticken.

Das brauchen Sie: Vorlage S. 54

- Fell-, Nickistoff oder Samt in Hellbraun, 80 cm breit, 25 cm lang
- Nickistoffrest in Dunkelbraun (Ohrinnenseiten)
- farblich passendes Garn
- Füllwatte
- 2 Tieraugen zum Annähen aus Kunststoff, ø 1 cm
- Stickgarn in Dunkelbraun (Finger, Zehen und Nase)
- 1 befüllbares Ei aus Kunststoff
- etwas Reis

Erdmännchen-Rassel

Größe: 20 cm x 10 cm ❀ **Schwierigkeitsgrad** 🐾 🐾 🐾

Schüttle mich und knuddle mich! Diese süße Rassel lässt Ihr kleiner Liebling so schnell nicht wieder los. Sie macht nicht nur Geräusche beim Schütteln, sie ist auch noch kuschelweich und ein treuer Begleiter bei jedem Spaziergang.

So wird's gemacht

Zuschneiden:

aus Stoff in Hellbraun: 2 x Ohren, 2 x Vorderteil, 2 x Rückenteil, 1 x Boden, 4 x Arm, 4 x Fuß, 1 x Kopfteil oben, 2 x Schwanz, inkl. 5 mm Nahtzugabe;

aus Nickistoff in Dunkelbraun: 2 x Ohren, inkl. 5 mm Nahtzugabe

1 Jeweils ein Ohr aus Stoff und ein Ohr aus Fell rechts auf rechts aufeinanderlegen und mit 5 mm Nahtzugabe zusammennähen, dabei an der geraden Seite eine Wendeöffnung lassen.

2 Arme paarweise rechts auf rechts aufeinanderlegen und mit 5 mm Nahtzugabe zusammennähen. Eine Wendeöffnung an der schrägen Geraden lassen und wenden. Auch die Füße paarweise rechts auf rechts aufeinanderlegen und mit 5 mm Nahtzugabe zusammennähen. Eine Wendeöffnung an der ovalen, oberen Seite lassen und wenden.

3 Schwanzteile rechts auf rechts aufeinanderlegen und mit 5 mm Nahtzugabe zusammennähen. Eine Wendeöffnung an der kurzen Seite lassen und wenden.

4 Für die Augen ein kleines Loch an der entsprechenden Stelle einschneiden und die Augen anbringen.

5 Zweimal je ein Ohr (Innenohrseite aus Nicki liegt auf dem Vorderteil) und einen Arm an die Markierungen zwischen je ein Vorder- und Rückenteil legen und diese mit 5 mm Nahtzugabe zusammennähen.

6 Das obere Kopfteil rechts auf rechts mit einer Nahtzugabe von 5 mm an den Kopf des Vorder- und Rückenteils nähen, die Markierung am oberen Kopfteil trifft dabei auf die Seitennaht zwischen Vorder- und Rückenteil. Auf der anderen Seite wiederholen.

7 Vorderteile an der Nasenspitze beginnend mit 5 mm Nahtzugabe zusammennähen. Danach die Rückenteile an der Nackenmarkierung beginnend mit 5 mm Nahtzugabe zusammennähen. Eine Wendeöffnung zwischen den Markierungen lassen.

8 Füße und Schwanz an den Markierungen am Vorder- und Rückenteil rechts auf rechts vorfixieren. Den Boden rechts auf rechts unten auf Vorder- und Rückenteil stecken und mit 5 mm Nahtzugabe festnähen.

9 Das Tier wenden und mit Watte und dem mit Reis befüllten Kunststoff-Ei (in Bauchhöhe) ausstopfen.

10 Die Wendeöffnung verdeckt von Hand schließen und mit dem Stickgarn Finger, Zehen und Nase aufsticken.

Walross-Zahnkissen

Größe: 25 cm x 20 cm ❧ Schwierigkeitsgrad

Dieses kleine Walross ist der ideale Aufbewahrungsort für die Milchzähne der Kleinen. In seinem Mund verschwinden sie und der Verlust tut nur noch halb so weh.

Das brauchen Sie: Vorlage S. 17 + 54

- Nickistoff in Weiß, 60 cm breit, 60 cm lang
- Baumwollstoff in Blau-Weiß kariert, 20 cm breit, 10 cm lang
- Baumwollstoff in Blau-Weiß gestreift, 30 cm breit, 10 cm lang (Tasche)
- Baumwollstoffrest in Schwarz (Augen und Nasenlöcher)
- Bügeleinlage, mittelstark, 60 cm breit, 30 cm lang
- farblich passendes Nähgarn
- Füllwatte
- 1 Reißverschluss in Rot, mind. 7 cm lang, kann auch gekürzt werden
- Stickgarn in Mintgrün

So wird's gemacht

Zuschneiden:

aus Nickistoff: 2 x Gesicht, 1 x Beleg für Reißverschluss, inkl. 1 cm Nahtzugabe;

aus kariertem Stoff: 1 x Wangenpartie;

aus gestreiftem Stoff: 1 x Taschenbeutel 1, 1 x Taschenbeutel 2, inkl. 1 cm Nahtzugabe;

aus schwarzem Stoff: 2 x Auge, 2 x Nasenloch;

aus Bügeleinlage: 2 x Gesicht, 1 x Beleg für Reißverschluss, inkl. 1 cm Nahtzugabe

1 Bügeleinlage auf die Rückseite der beiden Zähne und auf den Beleg für den Reißverschluss bügeln. Die Wangenpartie an der Markierung auf die Vorderseite des Zahns heften und im Zick-Zack-Stich nähen.

2 Augen an der Markierung auf die Vorderseite des Zahns heften und im Zick-Zack-Stich nähen. Wimpern auf der Vorderseite des Stoffes mit Kreide markieren und mit einer engen Zick-Zack-Naht nachnähen. Dann die Nasenlöcher an der Markierung auf die Wangenpartie heften und im Zick-Zack-Stich nähen.

3 Beleg für den Reißverschluss rechts auf rechts auf die Markierung für den Reißverschluss auf der Vorderseite des Zahns auflegen, heften. Auf der Rückseite des Belegs die Markierung für die Reißverschlussöffnung übertragen und dieses Rechteck nachnähen. Genau in der Mitte des Rechtecks einschneiden und jeweils eine Gerade bis 1 cm vor Ende schneiden. Quer bis zu den Ecken schneiden. Vorsicht: Auf keinen Fall zu nah an der Naht einschneiden. Beleg durch die Öffnung nach innen stülpen und flach bügeln.

4 Reißverschluss mit einer engen Zick-Zack-Naht auf 7 cm kürzen, dann zwischen die Öffnungen für den Reißverschluss legen, heften und so nah wie möglich am Rand der Öffnung festnähen.

5 Den kurzen Taschenbeutel mit 1 cm Nahtzugabe am unteren Teil und den langen Taschenbeutel mit 1 cm Nahtzugabe am oberen Teil des Belegs für den Reißverschluss annähen. Beide Taschenbeutel rundherum mit 1 cm Nahtzugabe zusammennähen.

6 Jetzt die Zahnvorder- und Zahnrückseite rechts auf rechts aufeinanderlegen und mit 1 cm Nahtzugabe zusammennähen. Dabei eine Wendeöffnung lassen, die Ecken und Rundungen der Nahtzugabe vorsichtig zurückschneiden und wenden. Den Zahn mit Watte füllen und die Nahtzugabe der Wendeöffnung nach innen schlagen und diese verdeckt von Hand schließen.

7 Jetzt nur noch die Barthaare mithilfe einer Nadel anbringen. Dafür jeweils ca. 20 cm Stickgarn beliebig durch die Wangenpartie fädeln und verknoten. Wiederholen, bis der Bart dicht genug erscheint. Die Haare auf die gewünschte Länge zurückschneiden.

Fadenlauf

Wangen 1x

Das brauchen Sie: Vorlage S. 55

• Teddyfell Langhaar in Dunkelbraun, 1,40 m breit, 60 cm lang

• Teddyfell Kurzhaar in Kupfer, 70 cm breit, 30 cm lang

• Füllwatte, farblich passendes Nähgarn

• 2 Tieraugen zum Annähen aus Glas, ø 2 cm

• 1 Tiernase zum Annähen aus Kunststoff

Schmuseteddy

Größe: 60 cm x 30 cm ❀ Schwierigkeitsgrad 🐾 🐾 🐾

Seit über hundert Jahren darf der Teddybär in keinem Kinderzimmer fehlen. Generationen von Kindern liebten ihren Teddy als Freund, Beschützer und Gefährten. Mit diesem kusche-ligen Brummbär können große und kleine Kinder jede Menge Abenteuer erleben oder mit ihm ihre Sorgen teilen. Er ist mit seinen treuen Augen ein starker Begleiter für alle Tage.

So wird's gemacht

Zuschneiden:

aus Fell in Dunkelbraun: 2 x Rücken, 2 x Bauch, 2 x Kopf seitlich, 1 x Kopf Mitte, 2 x seitlicher Hinterkopf, 1 x Hinterkopf, 2 x Ohr, 4 x Bein, 4 x Arm, inkl. 7 mm Nahtzugabe;

aus Fell in Kupfer: 2 x Bauch innen, 2 x Fußsohle, 2 x Tatze, 2 x seitliche Nase, 1 x Nase oben, 2 x Ohr, inkl. 7 mm Nahtzugabe

1 An zwei Armen entlang der runden Markierung das Fell ausschneiden und die Tatze rund einnähen (Strecke A). Jeweils rechts auf rechts auf das zweite Armschnittteil legen, mit 7 mm Nahtzugabe zusam-mennähen. Die Schulteröffnung offen lassen und den Arm verstürzen.

2 Zwei Beinteile rechts auf rechts an den langen Sei-tenkanten zusammennähen, die Fußsohlen (Strecke B) rund einnähen und danach Arme und Beine mit Füll-watte stopfen.

3 Die inneren Bauchteile an der unmarkierten Seite zusammennähen. Die äußeren Bauchteile zusammen-nähen, sodass in der Mitte ein Loch bleibt, hier den inneren Bauch einsetzen (Strecke C).

4 Arme und Beine an den entsprechend markierten Stellen am Bauch vorfixieren, sie liegen dabei auf der rechten Stoffseite und zeigen mit den Sohlen zum Bauch.

5 Die Rückenteile mittig zusammennähen, dann rechts auf rechts über Arme und Beine auf den Bauch legen und rundherum zusammennähen. Das Halsloch (Strecke M/N) bleibt offen, hierdurch wird der Bär verstürzt und ausgestopft.

6 Je ein Ohrteil beider Fellarten rechts auf rechts aufeinander legen, zusammennähen und verstürzen. An der entsprechenden Markierung am seitlichen Kopf vorfixieren.

7 Den seitlichen Kopf mit dem seitlichen Hinterkopf (Strecke G) zusammennähen. Die Kopfmitte an den Hinterkopf nähen (Strecke H). Den Kopf anschließend komplett zusammennähen (Strecke J und K). Jetzt das Kinn von innen festnähen.

8 Das obere Nasenteil (Strecken D) an die seitlichen Nasenteile nähen, den unteren Teil der seitlichen Nasen zusammennähen und die Nase rund in den Kopf einnähen (Strecke E und F).

9 Augen und Nase platzieren, den Stoff leicht ein-schneiden, die kleinen Drähte durchziehen und von innen von Hand gut festnähen. Dann den Kopf mit Watte ausstopfen und anschließend verdeckt von Hand an den Körper nähen. Sobald der Kopf zu $^3/_4$ festgenäht ist, noch fester mit Watte ausstopfen.

Mimi, die Megamaus

Größe: 60 cm x 20 cm ✿ Schwierigkeitsgrad 🐾 🐾 🐾

Mimi, die Megamaus ist eine treue Begleiterin für kleine und größere Kinder. Sie sitzt gerne im Kinderzimmer oder auf der Couch und beobachtet das bunte Treiben. Durch ihre beweglichen Arme und Beine ist sie aber auch ein toller Spielgefährte und macht jeden Spaß mit.

Das brauchen Sie: Vorlage S. 56

- Baumwolljersey in Grau, 1,40 m breit, 50 cm lang
- Baumwollstoff in Rot-Weiß gestreift mit Blümchenmuster, 1,40 m breit, 50 cm lang
- Bügeleinlage, mittelstark, 12 cm breit, 3 cm lang
- farblich passendes Garn
- Füllwatte
- 4 Gelenke für Puppen, ø 3 cm
- 2 Tieraugen zum Annähen aus Kunststoff oder Glas, ø 2 cm
- Stickgarn in Grau (Schnurrhaare)
- Wollrest in Rosa (Nase)

So wird's gemacht

Schnittmuster auf 300 % mit einem Kopierer vergrößern

Zuschneiden:

aus Baumwolljersey: 2 x Ohr, 2 x seitliches Kopfteil,
2 x Körper, 2 x Arm außen, 2 x Arm innen, 4 x Bein,
1 x oberes Kopfteil, inkl. 7 mm Nahtzugabe;

aus Baumwollstoff: 2 x Ohr, 2 x Pfote, 2 x Fußsohle,
2 x Halstuch, 1 x Schwanz, inkl. 7 mm Nahtzugabe;

4 x mittelstarke Bügeleinlage, 3 cm lang

1 Die Markierungen für die Gelenke auf der Innenseite des Stoffes jeweils mit der Bügeleinlage verstärken und an den Markierungen ein kleines Loch (ø 5 mm) einschneiden. Die Löcher werden für die Anbringung der Gelenkteile benötigt.

2 Alle Nähte werden mit 7 mm Nahtzugabe genäht.

3 Jeweils ein graues und ein buntes Ohr rechts auf rechts legen und an der Rundung zusammennähen. Die Ohren wenden und die unteren Kanten sehr knapp absteppen. Nun die Ohren in die Kopfabnäher einnähen, die bunte Seite der Ohren schaut dabei zur Nasenspitze. Die Ohren müssen oben 2 cm überstehen. Diese nach vorn bis zur Markierung klappen, sehr knapp feststeppen und die Naht von A nach C schließen.

4 Mit dem Einnähen des mittleren Kopfteils bei C beginnen und über die Ohren bis zur Nasenspitze bei Punkt A nähen, die Nadel im Stoff stecken lassen, den Kopf drehen und auf der anderen Seite wieder zu Punkt C nähen.

5 Die Augen an den Markierungen anbringen.

6 Alle Abnäher am Körper schließen, den Schwanz rechts auf rechts legen und die langen Seiten zusammennähen. Die kurzen Seiten jeweils offen lassen. Das Schwanzende mithilfe einer Sicherheitsnadel von hinten nach vorn durchziehen und dabei wenden. Das offene Schwanzende so nach innen schlagen, dass die Nahtzugabe im Inneren des Schwanzes verschwindet. Die Öffnung von außen verdeckt von Hand schließen.

7 Den Schwanz zwischen die rechts auf rechts gelegten Körperteile legen (siehe Markierung), offene Kanten liegen aufeinander. Den Körper zusammennähen, dabei die Hals- und die Wendeöffnung offen lassen. Die Wendeöffnung unbedingt mit Rückstichen sichern.

8 Für die Arme die Pfoten an das innere Armteil nähen. Nun jeweils ein äußeres und inneres Armteil rechts auf rechts aufeinanderlegen, bis auf die Wendeöffnung zusammennähen und wenden. Die großen, länglichen Gelenkteile an den Armen von innen nach außen schieben und die Arme mit Watte füllen. Die Nahtzugabe der Wendeöffnung nach innen schlagen und diese von Hand verdeckt schließen.

9 Für die Beine jeweils ein äußeres und inneres Bein rechts auf rechts aufeinanderlegen und bis auf die Wende- und die Sohlenöffnung zusammennähen. Die Sohlen rechts auf rechts auf die untere Seite der Beine legen, rundherum festnähen und die Beine wenden. Die großen, länglichen Gelenkteile an den Beinen von innen nach außen schieben und die Beine mit Watte füllen. Die Nahtzugabe der Wendeöffnung nach innen schlagen und diese von Hand verdeckt schließen.

10 Den Körper an der Halsöffnung rechts auf rechts auf die Halsöffnung der seitlichen Kopfteile legen und rundherum festnähen. Durch die Wendeöffnung am Rücken wenden. Den Kopf mit Füllwatte ausstopfen. Jetzt die Gelenkteile durch den Körper schieben und mit den Gelenkscheiben verbinden. Den Körper mit Watte füllen und die Wendeöffnung verdeckt von Hand schließen.

11 Das Halstuch rechts auf rechts legen und zusammennähen, dabei eine Wendeöffnung lassen. Halstuch wenden, die Nahtzugaben nach innen schlagen und die Öffnung verdeckt von Hand schließen.

12 Abschließend beliebig viele Schnurrhaare anbringen. Dafür mit Stickgarn durch die gewünschte Stelle stechen und verknoten. Die Nasenspitze mit rosa Wolle aufsticken.

Das brauchen Sie: Vorlage S. 23 + 59

- Wollstoff in Beige, 1 m breit, 20 cm lang
- je 1 Knäuel Wolle in Blau und Pink
- 2 starke Magnete, ø 1 cm
- 4 selbstklebende Wackelaugen, ø 8 mm
- Filzrest in Dunkelbraun
- Wollrest in Rosa
- 2 Pompons in Schwarz, ø 1 cm
- Pappe, Füllwatte, Textilkleber

Lustiges Igel-Pärchen

Größe: 10 cm x 18 cm ❀ **Schwierigkeitsgrad**

Magisch werden diese beiden süßen Igel voneinander angezogen. Durch die Magneten in den spitzen Igelschnäuzchen ist ein Küsschen garantiert. Solange sie nur zusammen sind, fühlen sich die gar nicht stacheligen Pompontierchen auf Fensterbänken oder auch im Kinderzimmer besonders wohl.

So wird's gemacht

Zuschneiden:

aus Wollstoff: 4 x seitlicher Kopf, 2 x Kopf oben, 2 x Hinterkopf, inkl. 5 mm Nahtzugabe;

aus Filz: 2 x Füße;

aus Pappe: 4 x Schablone

Füße 2x

seitlicher Kopf
4x

🔴 *Position Auge*
✖ *Position Magnet*

1 Die seitlichen Kopfteile rechts auf rechts bis zur Nasenspitze an das obere Kopfteil nähen. Nun ab der Nasenspitze die seitlichen Kopfteile entlang des Kinns zusammennähen. Die Nahtzugaben zurückschneiden und den Kopf umstülpen. Die Magneten von innen in die Nasenspitzen kleben, den Kopf mit Watte füllen und den Hinterkopf von Hand annähen. Die Wackelaugen aufkleben. Mit dem Wollrest den Mund aufsticken. Den Pompon an der Nasenspitze mit einigen Handstichen fixieren.

2 Je zwei Pappschablonen übereinanderlegen, durch das Loch in der Mitte den Papprand Stück für Stück mit Wolle umwickeln, möglichst dicht und fest, bis die Pappe längst verschwunden ist. Einfacher geht es, wenn das Fadenende an einer Sicherheitsnadel befestigt wird.

3 Die Wolle am Außenrand der Pappe aufschneiden und mit einem an einer Nähnadel befestigten Wollfaden zwischen die beiden Pappen stechen, rundherum führen, fest zusammenziehen und verknoten. Die Pappe seitlich einschneiden und entfernen.

4 Die Pompons mit ein paar Stichen an die Igelköpfe und die Füße unter die Pomponkörper nähen.

Hinterkopf
2x
— *Markierung Kopfmitte + Naht*

Zebra und Esel

Größe: 20 cm x 25 cm ✿ Schwierigkeitsgrad

Hier sieht man gleich, wer ein Reittier ist und wer nicht! Das wilde Zebra lässt sich einfach keine Decke auflegen! Der Esel und das Steppentier vertragen sich jedoch gut im Kinderzoo oder auf der Fensterbank.

So wird's gemacht

Zuschneiden (pro Tier):

aus Baumwollstoff: 2 x Körper, 2 x Bauch, inkl. 7 mm Nahtzugabe;
aus Filz: 2 x Ohr, 2 x Nüstern;
aus Stoffrest: 1 x Eseldecke

Zebra und Esel

1 Die beiden Bauchteile rechts auf rechts mittig zusammennähen, dabei eine Wendeöffnung lassen. Dann den Schweif aus mehreren gebündelten Wollfäden flechten und feststecken. Dabei zeigt der Schweif zum Körper und liegt auf der rechten Stoffseite.

2 Die Mähne aus einzelnen Wollfäden entlang des Halses legen und festheften. Die Beine der Körperteile nun jeweils rechts auf rechts auf die Beine der Bauchteile legen und von der Schnauze bis zur Markierung Bauchende mit 7 mm Nahtzugabe nähen.

3 Von der Schnauze oben bis zur Markierung Bauchende die Körperteile mit 7 mm Nahtzugabe zusammennähen, die Nahtzugabe in allen Ecken einschneiden. Durch die Öffnung am Bauch wenden.

4 Für die Augen ein kleines Loch an der markierten Stelle einschneiden und die Augen anbringen. Den Körper mit Watte füllen, die Wendeöffnung von Hand schließen. Nüstern und Ohren aufnähen. Die Mähne in gewünschter Länge abschneiden.

Das brauchen Sie: Vorlage S. 25 + 60

- Baumwollstoff in Schwarz-Weiß gestreift, 90 cm breit, 30 cm lang
- Baumwollstoff in Grau-Weiß gepunktet, 90 cm breit, 30 cm lang
- Filzreste in Pink und Lila (Ohren und Nüstern)
- 4 Tieraugen zum Annähen aus Kunststoff, ø 1 cm
- Wolle in Pink und Lila (Mähne und Schweif)
- farblich passendes Nähgarn, Füllwatte
- Stoffrest und Pomponborte in der Länge des Stoffumfangs (Decke für den Esel)

Zusätzlich für Esel

Die aus dem Stoffrest zugeschnittene Decke auf dem Rücken platzieren, die Pomponborte rundherum um die Kante legen und mit ein paar Handstichen fixieren.

—— *Markierung Mähne*
-·-·- *Markierung Schwanz*
······ *Markierung Ohren*
● *Markierung Nüstern*
◯ *Markierung Augen*
⊔ *Markierung Anfang/Ende Bauch*
Position Decke

Fadenlauf Zebra

Fadenlauf Esel

Körper 2 x

Das brauchen Sie: Vorlage S. 58

- Baumwollstoffe in Blau-Weiß gestreift, Rot-Weiß gepunktet und Blau-Weiß gepunktet, je 1,40 m breit, 30 cm lang

- farblich passendes Nähgarn

- Wollreste in Dunkelblau und Rot (Augen, Schnäuzchen und Mund)

- Wolle in Hellblau (Bommelschwänzchen)

- Rest Pappe, Füllwatte, Polsternadel

Hanno, der Hase

Größe: 50 cm x 20 cm ✿ Schwierigkeitsgrad

Der Hase mit den langen Schlappohren sieht im farbenfrohen Mustermix besonders lustig aus. Wer es lieber klassisch mag, kann ihn auch zweifarbig aus Unistoffen nähen. Dem Kerlchen können wilde Abenteuer in Sandkisten und Pfützen nichts anhaben – einfach bei 30 ˚C in einem Wäschesack in die Waschmaschine geben und der Hase ist wieder wie neu.

So wird's gemacht

Zuschneiden:

aus Stoff in Blau-Weiß gestreift: 2 x Rücken, 2 x Bauch, 1 x Kopf oben, 2 x seitlicher Kopf, inkl. 7 mm Nahtzugabe;

aus Stoff in Rot-Weiß gepunktet: 2 x Bauch innen, 4 x Arme, 2 x Fußsohle, 2 x Innenohr, inkl. 7 mm Nahtzugabe;

aus Stoff in Blau-Weiß gepunktet: 4 x Beine, 4 x Ohr, 2 x Pfote, inkl. 7 mm Nahtzugabe;

aus Pappe: 2 x Schablone Hasenschwänzchen

1 Innenohren und Pfötchen mit engem Zick-Zack-Stich auf die markierten Stellen an Ohren und Armen aufnähen.

2 Arme, Beine und Ohren jeweils zu Paaren rechts auf rechts legen und mit 7 mm Nahtzugabe zusammennähen, an den zum Körper zeigenden Seiten eine Wendeöffnung lassen. Die Nahtzugabe – vor allem in den Ecken – einschneiden, die Fußsohlen rund einnähen. Danach alle Teile wenden und mit Watte füllen. Die Ohren nur wenig füllen.

3 Die inneren Bauchteile an der unmarkierten Seite zusammennähen. Die äußeren Bauchteile zusammennähen, sodass in der Mitte ein Loch bleibt. Hier den inneren Bauch einsetzen (Strecke D). Den Rücken an der Mittelnaht zusammennähen.

4 Arme und Beine so am Bauch knappkantig festnähen, dass sie mit den Pfoten zum Bauch liegen. Das

Rückenteil rechts auf rechts darüberlegen und mit 7 mm Nahtzugabe festnähen. Das Halsloch aussparen. Den Körper durch das Halsloch wenden und mit Watte füllen.

5 Die Ohren an der Kopfmarkierung feststecken, die seitlichen Kopfteile an das obere Kopfteil stecken (A), zusammennähen und wenden. Den Kopf mit Watte füllen und von Hand mit Blindstichen am Körper fixieren (Strecke E nach vorn, Strecke F nach hinten).

6 Augen, Schnauze und Mund mit der Polsternadel aufsticken. Die zwei Pappschablonen aufeinanderlegen und einen kleinen Pompon (siehe S. 23, 2 und 3) anfertigen. Anschließend am Po von Hand festnähen.

Schlenkeräffchen

Größe: 40 cm x 17 cm ✿ Schwierigkeitsgrad   🐾

Nimm mich mit! Dieser lustige Affe fällt auf und will natürlich überallhin mitkommen. Er wird für Begeisterung sorgen und ist nach kürzester Zeit ein unverzichtbarer Begleiter für Ihr Kind. Mit seiner Badehose ist er auch am Strand oder Schwimmbad gern gesehen.

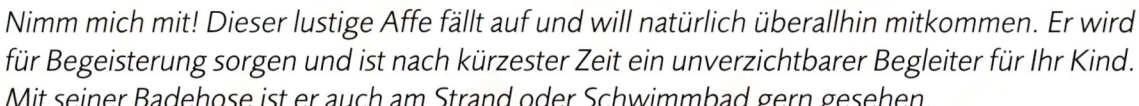

Das brauchen Sie: Vorlage S. 29 + 59

- Baumwollstoff in Gelb gemustert, 80 cm breit, 25 cm lang
- Baumwollstoff in Orange-Weiß kariert, 80 cm breit, 20 cm lang
- Baumwollstoff in Petrol mit Blumenmuster, 80 cm breit, 25 cm lang
- Baumwollstoff in Orange, 40 cm breit, 20 cm lang
- farblich passendes Garn, Füllwatte
- Filzrest in Schwarz (Augen)
- Stickgarn in Weiß (Pupillen)
- Wollrest in Orange (Mund)
- Pompon in Weiß, ø 1 cm (Nase)

So wird's gemacht

Zuschneiden:

aus Baumwollstoff in Gelb gemustert: 1 x Gesicht, 2 x Augenumrandung, 2 x Ohr, 2 x Arm, 2 x Bein, inkl. 5 mm Nahtzugabe;

aus Baumwollstoff in Orange-Weiß kariert: 2 x oberes Kopfteil, 1 x Kopfrückseite, 2 x Körper Vorderteil, 1 x Körper Rückenteil, inkl. 5 mm Nahtzugabe;

aus Baumwollstoff in Petrol geblümt: 2 x Ohr, 2 x Bauch, 2 x Arm, 2 x Bein, inkl. 5 mm Nahtzugabe;

aus Baumwollstoff in Orange: 2 x Badehose, inkl. 5 mm Nahtzugabe;

aus Filz in Schwarz: 2 x Auge

Gesicht
1x

Markierung Abnäher
Position Nase
Position Mund

Fadenlauf

1 Jeweils ein gelbes und petrolfarbenes Ohrteil rechts auf rechts aufeinanderlegen und an der Rundung zusammennähen, eine Wendeöffnung an der gegenüberliegenden Seite lassen und das Ohr wenden.

2 Die Abnäher im Gesicht schließen, anschließend glatt bügeln. Nun die Augenumrandungen auf die Markierungen am oberen Kopfteil heften und mit engem, schmalem Zick-Zack-Stich festnähen.

3 Dieses obere Kopfteil rechts auf rechts auf das Gesicht legen; dabei trifft die Mitte des oberen Kopfteils auf den oberen Abnäher des Gesichts. Beide Teile zusammennähen und die Nähte auseinanderbügeln.

4 Das zweite obere Kopfteil rechts auf rechts an die Kopfrückseite heften, nähen und ausbügeln.

5 Danach das vordere und rückwärtige komplette Kopfteil rechts auf rechts aufeinanderlegen, die Ohren an den Markierungen dazwischenlegen. Die Teile heften, zusammennähen und dabei den Hals offen lassen.

6 Die große Rundung des Bauches an das Vorderteil des Körpers heften und anschließend festnähen. Auf der gegengleichen Seite wiederholen. Nun die vorderen Körperteile inklusive Bauch rechts auf rechts aufeinanderlegen und zusammennähen.

7 Jeweils einen gelb und petrol gemusterten Arm rechts auf rechts aufeinanderlegen und zusammennähen, an der kurzen geraden Seite eine Wendeöffnung lassen. Die Nahtzugaben an Ecken und Rundungen einschneiden.

8 Mit den Beinen wie bei den Armen verfahren. Arme und Beine durch die kleinen Öffnungen wenden und mit Watte füllen.

9 Arme und Beine an den Markierungen zwischen Vorder- und Rückteil legen. Vorder- und Rückenteil liegen rechts auf rechts und Arme und Beine sind im Inneren des Körpers. Beide Teile zusammenheften, bis auf die Halsöffnung zusammennähen und anschließend wenden.

10 Das Gesicht rechts auf rechts auf das vordere Körperteil heften und festnähen. Die Rückseite bleibt offen. Kopf und Körper mit Watte füllen und die verbleibende Öffnung an der Halsrückseite verdeckt von Hand schließen.

11 Die Filzaugen vorsichtig von Hand auf die Augenumrandungen nähen. Die Pomponnase mit einigen Handstichen anbringen. Für den Mund die Wolle dreifach nehmen und drehen, bis eine Kordel entsteht. Diese verdeckt von Hand festnähen.

12 Die Badehose oben am Bund und unten am Saum mit einer Zick-Zack- oder Overlock-Naht versäubern. Die Badehose rechts auf rechts aufeinanderlegen und die Schrittnaht schließen. Anschließend mit einer Zick-Zack-Naht versäubern. Beide Nähte rechts auf rechts so aufeinanderlegen, dass die Innenbeinkanten aufeinandertreffen. Die Naht schließen und versäubern, Saum und Bund jeweils 1 cm nach innen schlagen und feststeppen. Die Badehose anziehen. Falls sie rutschen sollte, einfach mit ein paar Stichen verdeckt am Äffchenbauch festnähen.

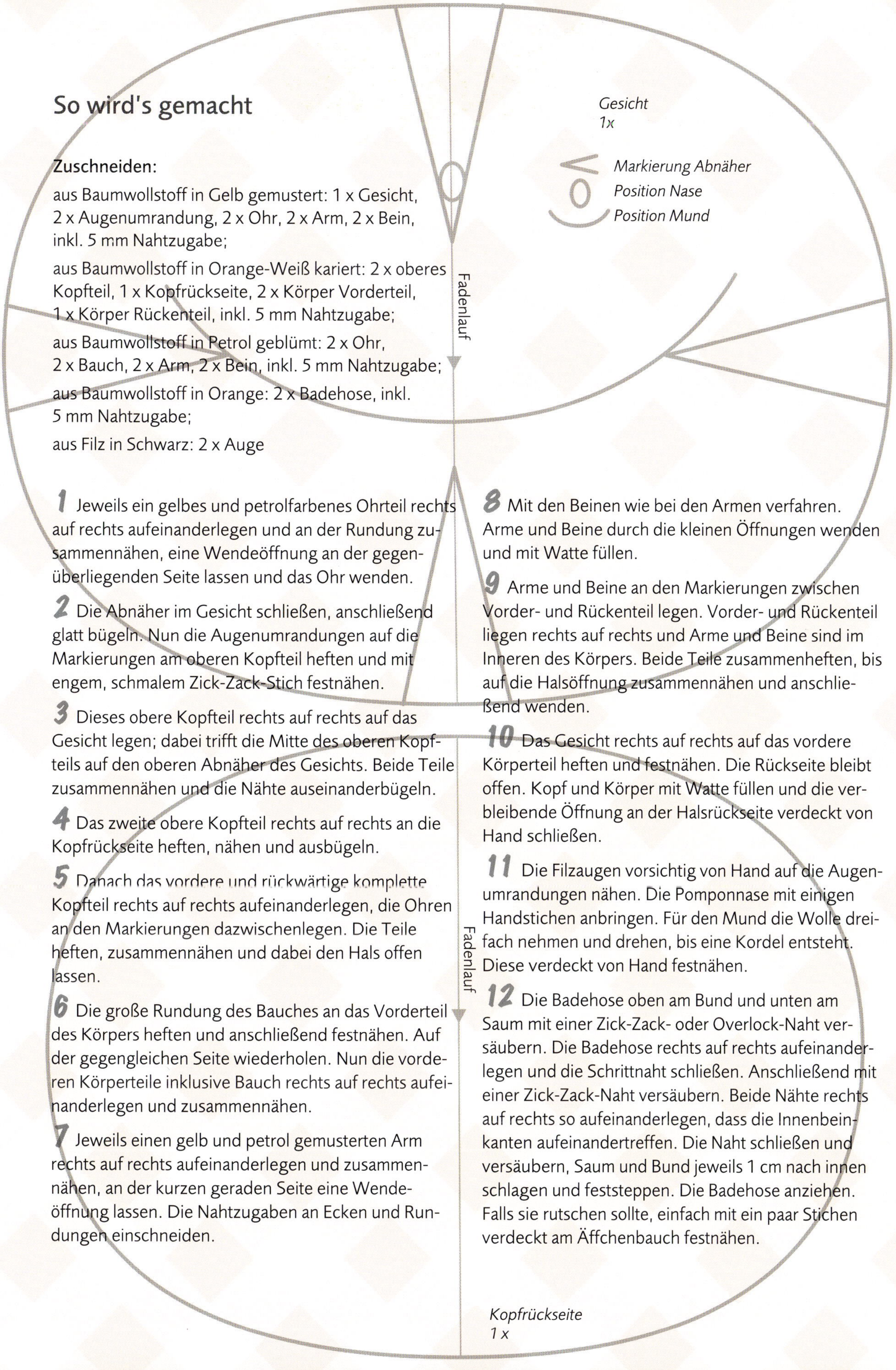

Fadenlauf

Kopfrückseite
1 x

Das brauchen Sie: Vorlage S. 31

- 6 Baumwollstoffe, bunt gemustert, je 15 cm breit, 30 cm lang (Vogelkörper)
- 6 Baumwollstoffe, bunt gemustert, je 6 cm lang, 20 cm breit (Flügel und Schnabel)
- 6 bunte Federn (Kopfschmuck), Füllwatte
- 6 x 2 Perlen in Rot, Blau, Grün und Violett, ø 3 mm (Augen)
- 6 x 2 Knöpfe in unterschiedlichen Farben, ø 1,2 cm (Flügel)
- Wollreste in Pink, Rosé, Lila, Orange, Blau und Grün (Beine und Füße)
- farblich passendes Garn, Nylonfaden, Mobilé-Stern aus Holz

Kunterbuntes Vogel-Mobilé

Größe: je Vogel 16 cm x 14 cm ❀ Schwierigkeitsgrad

Mit diesem bunten Mobilé wird das Wickeln oder das Zubettbringen Ihres Kindes ein wahrhaftes Kinderspiel. Die Kleinen werden garantiert mit Staunen beobachten, wie sich die lustigen Vögel bewegen. Und da alle Vögel unterschiedlich aussehen, wird es auch so schnell nicht langweilig.

So wird's gemacht

Zuschneiden:

aus Baumwollstoff: 6 x je 2 Vogelkörper, 6 x je 4 Flügel, 6 x je 2 Schnäbel

1 Je ein Schnabelteil rechts auf rechts auf einen Vogelkörper legen, die Schnabelspitze schaut dabei ins Körperinnere. Den Schnabel mit einer Aussparung von 5 mm oben und unten mit 5 mm Nahtzugabe an den Vogelkörper nähen.

2 Für die Beine 2 x 3 Wollfäden ca. 6–7 cm lang flechten und an beiden Enden verknoten. An die unteren drei Restfäden jeweils einen andersfarbigen Wollrest knoten, 2–3 cm lang flechten und verknoten. Reste abschneiden.

3 Zwei Vogelkörper rechts auf rechts aufeinanderlegen, die Beine dazwischen an die Markierungen legen und den Schnabel aufklappen. Die Vogelkörper mit 5 mm Nahtzugabe zusammennähen, eine Wendeöffnung lassen. Nahtzugabe an Rundungen und Ecken zurückschneiden und den Vogel wenden.

4 Mit Watte füllen, die Nahtzugaben an der Öffnung nach innen schlagen und diese verdeckt von Hand schließen. Dann jeweils zwei Flügelpaare rechts auf rechts aufeinanderlegen und bis auf die Wendeöffnung mit 5 mm Nahtzugabe zusammennähen. Nahtzugabe an Rundungen und Ecken zurückschneiden, Arbeit wenden, Nahtzugaben an der Öffnung nach innen schlagen und diese verdeckt von Hand schließen.

5 Je einen Knopf über den Flügel legen und mit ein paar Handstichen festnähen.

6 Die Perlen als Augen aufnähen und die Federn mit ein paar Handstichen beliebig am Kopf befestigen.

7 Je Vogel 1 m Nylonfaden abschneiden und verknoten. Mit einer Nadel zwischen den Beinen durch den Körper an der Markierung durchfädeln. Die Mobilé-teile zusammenstecken und die Vögel in unterschiedlicher Höhe mit dem Nylonfaden am Mobilé-Stern befestigen. Dabei darauf achten, dass das Mobilé gut ausbalanciert ist. Anschließend das Mobilé mit etwas Nylonfaden aufhängen.

Fadenlauf

Schnabel 2 x

Vogelkörper 2 x
- – – Markierung Schnabel
- • • • Markierung Aufhängung
- – • – Markierung Füße
- ● Markierung Auge
- ○ Markierung Knopf
- — — Markierung Wendeöffnung

Flügel 4 x
- ○ Markierung Knopf
- — Markierung Wendeöffnung

Nilpferd-Kissen mit Kirschkernfüllung

Größe: 40 cm x 25 cm ✿ Schwierigkeitsgrad

Das pummelige Nilpferd mit seinem großen Kopf ist ein liebevoller Tröster bei Bauchweh. Nach einem kurzen Stopp in der Mikrowelle oder im Backofen nimmt der gemütliche Dick-häuter auf dem schmerzenden Bauch Platz und wärmt, bis auch Babys Augen zufallen. Bei Beulen oder bösen Zähnchen schickt man das Nilpferd einfach kurz in einem Plastikbeutel ins Gefrierfach, anschließend unterstützt es gerne mit seinem kühlen Bauch.

Das brauchen Sie: Vorlage S. 60

- Baumwolljersey in Königsblau, 1,40 m breit, 35 cm lang
- Baumwollstoff in Rot-Weiß kariert, 40 cm breit, 20 cm lang
- Wollreste in Hellblau und Rosa (Augen und Nasenlöcher; bitte keine Glasaugen mit Metallöse verwenden, da das Kissen in der Mikrowelle erhitzt wird!)
- farblich passendes Garn, Kirschkerne, Polsternadel

So wird's gemacht

Zuschneiden:

aus Baumwolljersey: 1 x Bauch im Bruch, 2 x Rücken, 2 x seitlicher Kopf, 2 x Ohr, 2 x Schwänzchen, 1 x Kopf unten & oben (die zwei Schnittteile an der gestrichelten Kinnlinie aneinanderlegen und wie ein Schnittteil ausschneiden), inkl. 7 mm Nahtzugabe;

aus Baumwollstoff: 8 x Bein, 2 x Ohr, inkl. 7 mm Nahtzugabe

1 Je zwei Beine, Ohren und Schwänzchen rechts auf rechts zusammennähen. An der nach innen gewölbten Seite offen lassen, wenden und mit Ausnahme der Ohren mit Kirschkernen füllen. Die offene Kante knappkantig links auf links schließen.

2 Den Abnäher am Rücken schließen. Beine sowie Schwänzchen auf die Markierungen der rechten Rückenstoffseite legen. Den Bauch rechts auf rechts darauflegen, ringsum zusammennähen, dabei das Halsloch aussparen.

3 Die Ohren an die Markierungen legen, danach die seitlichen Kopfteile rechts auf rechts an das mittlere Kopfteil stecken und nähen.

4 ³/₄ des Halsloches von Kopf und Körper mit der Maschine rechts auf rechts schließen, wenden und das Nilpferd mit Kirschkernen füllen. Die Wendeöffnung mit Stecknadeln vorfixieren und von Hand schließen. Danach mit den Wollresten die Wimpern und Nasenlöcher aufsticken.

Bitte bei der Benutzung beachten!

Erwärmen

Im Backofen: ca. 10 Minuten bei max. 130 °C. Das Nilpferd vorher in Alufolie wickeln, damit der Stoff nicht braun wird!

In der Mikrowelle: ca. 1 Minute bei max. 600 Watt. Zwischen den Anwendungen gut aufschütteln und vollständig abkühlen lassen, der Mikrowellenteller muss sauber und trocken sein, damit der Stoff nicht verbrennt.

Für eine leichte Erwärmung das Kissen einfach auf die Heizung legen.

Kühlen

Im Gefrierschrank: ca. 60 Minuten in einem Plastikbeutel verstauen, damit der Stoff nicht nass wird.

Das brauchen Sie: Vorlage S. 57

- Leinen- oder Baumwollstoff in Braun, 80 cm breit, 30 cm lang
- Fellstoff in Kupfer, 20 cm breit, 20 cm lang (Bauch)
- Filzplattenrest in Hellbraun, ca. 3 mm stark
- Wattevlies, 20 cm x 60 cm; Füllwatte, farblich passendes Nähgarn
- 2 Tieraugen zum Annähen, ø 1 cm; 1 Tiernase zum Annähen
- Klettband in Schwarz, ca. 2 cm breit, 2 cm lang; 2 Magnete, ø 7 mm

Fanny Fledermaus

Größe: 15 cm x 12 cm ✿ **Schwierigkeitsgrad** 🐾 🐾 🐾

Wach auf, kleine Fledermaus und breite deine Flügel aus! Kopfüber baumelt die schlafende Fledermaus an der Gardinenstange, sie wird von Magneten in den Füßen gehalten. Im Schlaf faltet sie ihre Flügel über dem kuscheligen Fellbauch zusammen. Ob zu Halloween oder einfach zum Liebhaben, dieser kleine Nachtschwärmer kommt bei Klein und Groß garantiert gut an.

So wird's gemacht

Zuschneiden:
aus Stoff: 4 x Flügel, 2 x Rücken, 2 x Kopf Seite, 1 x Kopf Mitte, inkl. 7 mm Nahtzugabe;
aus Fell: 1 x Bauch, inkl. 7 mm Nahtzugabe;
aus Filz: 2 x Ohr, 2 x Krallen, 4 x Füße;
aus Wattevlies: 2 x Flügel

1 Aus dem Klettband je einen Kreis mit ø ca. 1,5 cm ausschneiden und an den Flügelspitzen mit 2 cm Abstand zum Rand auf die rechte Stoffseite nähen. Die Filzkrallen an den markierten Stellen auf der rechten Stoffseite feststeppen, sie zeigen zum Körper hin.

2 Das zugeschnittene Wattevlies auf die linke Stoffseite der Flügel legen und rundherum mit einer knappkantigen Naht feststeppen.

3 Je zwei Flügel rechts auf rechts aufeinanderlegen und rundherum mit 7 mm Nahtzugabe festnähen, an der Körperseite offen lassen und die Flügel durch dieses Loch wenden. Die Flügel glatt bügeln.

4 Die beiden Teile für den Rücken zusammennähen, die Naht anschließend auseinanderbügeln und den horizontalen Abnäher schließen.

5 Zwischen je zwei Filzfüße einen Magneten legen und die Füße knappkantig absteppen. Dann die Füße rechts auf rechts am Bauchteil vorfixieren, dabei zeigen die Krallen zum Bauch.

6 Die seitlichen Kopfteile an der Ohrmarkierung einschneiden, die an der Markierung gefalteten Ohren

dazwischenlegen und auf der linken Stoffseite knapp feststeppen. Achtung: Die Ohren im Abnäher so weit nach unten schieben, dass die Nahtzugabe frei bleibt.

7 Den Abnäher am mittleren Kopfteil schließen. Dann das mittlere Kopfteil rechts auf rechts zwischen die seitlichen Kopfteile nähen, die Spitze bildet die Nase. Ab der Nasenspitze die seitlichen Kopfteile zusammennähen, sodass die Schnauze und das Kinn entstehen.

8 Das Kopfteil wenden und Nase und Augen von Hand annähen. Den Kopf mit Watte füllen.

9 Das Rückenteil rechts auf rechts auf das Bauchteil legen und die Flügel an entsprechender Stelle einpassen. Dabei muss der Klettverschluss der Flügel nach innen zum Bauch zeigen. Rundherum mit 7 mm Nahtzugabe feststeppen, den Hals offen lassen und den Stoff wenden. Den Bauch mit Watte füllen.

10 Zum Schluss den Kopf von Hand mit verdeckter Naht am Körper fixieren.

Das brauchen Sie: Vorlage S. 61

- je 1 Filzplatte in Hellorange und
  in Mittelorange, 100 cm x 70 cm, 2 mm stark
- Filzrest in Weiß und Schwarz
- 2 Ösen in Gold, ø 1,1 cm, oder Saugnäpfe
- 2 Wäscheklammern (für die Scheren)
- farblich passendes Nähgarn

Utensilo-Krabbe

Größe: 60 cm x 50 cm ✿ Schwierigkeitsgrad

Ab jetzt herrscht Ordnung im Kinderzimmer, denn mit diesem witzigen Utensilo macht das Aufräumen gleich viel mehr Spaß. Stifte, Lineal und Schere haben nun einen festen Platz. Gleichzeitig setzt die lustige Krabbe einen tollen Farbakzent. Die dekorative Aufräumhilfe ist auch ein schönes Geschenk zur Einschulung!

So wird's gemacht

Zuschneiden:

aus Filz in Mittelorange: 2 x Schere, 6 x Bein, 2 x Auge oben, 1 x im Bruch Körper (Schnittteil an gerader Strecke spiegeln und die markierten „Fenster" an der durchgezogenen Linie ausschneiden);

aus Filz in Hellorange: 2 x Schere, 6 x Bein, 1 x im Bruch Körper (die Teile in Mittelorange mit Steck-nadeln befestigen und mit etwas Versatz ausschnei-den. Die „Fenster" nicht ausschneiden);

aus Filz in Schwarz: 2 x Pupille;

aus Filz in Weiß: 2 x Auge unten

1 Je ein helles und ein dunkles Bein aufeinander-legen und knappkantig aufeinandersteppen, sodass drei gegengleiche Paare entstehen. Genauso mit den Scheren verfahren.

2 Die schwarzen Pupillen mit schwarzem Garn auf die weißen Augen nähen, dann die oberen Augen in Orange darauflegen und knappkantig an der orange-farbenen Kante nähen.

3 Beine, Scheren und Augen an entsprechender Stelle zwischen die Körperteile klemmen und knappkantig rundherum absteppen. Dann entsprechend der mar-kierten Stepplinie die Taschen viereckig absteppen.

4 Ösen oder optional Saugnäpfe seitlich an den Scheren anbringen und unter den Scheren vorsichtig zwei Wäscheklammern von Hand annähen, damit kann die Krabbe Merkzettel halten.

Tipp: Für eine Krebsfamilie die Schnittteile mit einem Kopierer auf verschiedene Größen vergrößern und verkleinern!

Sparfrischling

Größe: 15 cm x 20 cm ❀ Schwierigkeitsgrad

Dieser kleine Sparfrischling sieht nicht nur witzig aus, mit ihm macht sogar Sparen Spaß. In seinem Bauch befindet sich eine kleine „Sparflasche" und in seiner Schnauze versteckt sich der Schlitz. Dieser kuschelweiche Kerl kommt bestimmt auch als Geburtstagsgeschenk gut an.

Das brauchen Sie: Vorlage S. 57

- gestreifter Fellstoff in Brauntönen, 90 cm breit, 20 cm lang
- Nickistoff in Dunkelbraun, 10 cm breit, 10 cm lang
- Bügeleinlage, mittelstark, 6 cm breit, 8 cm lang
- farblich passendes Nähgarn
- nahtverdeckter Reißverschluss in Braun, wird später auf 14 cm gekürzt
- 2 Tieraugen zum Annähen aus Kunststoff, ø ca. 1,3 cm
- Stickgarn in Hellbraun (Nasenlöcher)
- Stickgarn in Rot (Mund), Füllwatte
- 1 Plastikflasche ca. 14 cm lang, ø Deckel 4 cm

So wird's gemacht

Zuschneiden:

aus Fellstoff: 2 x Seitenteil, 2 x Bauch, 2 x Ohr, 2 x Schwanz, inkl. 5 mm Nahtzugabe (außer Reißverschluss Bauch: 1 cm);

aus Nickistoff: 2 x Ohr, 2 x Schnauze, 4 x Sohle, inkl. 5 mm Nahtzugabe (außer Geldschlitz Schnauze: 1 cm);

aus Bügeleinlage: 2 x Schnauze

1 Jeweils ein Ohr aus Fell und aus Nicki rechts auf rechts aufeinanderlegen und die langen Seiten mit 5 mm Nahtzugabe zusammennähen. Die kurzen Seiten zum Wenden offen lassen und wenden.

2 Die Ohren zwischen die Markierungen am Seitenteil legen, ganz nach unten schieben, dabei schaut die Nickistoffseite zur Nase. So knapp wie möglich feststeppen, dabei den Einschnitt bis zum Rücken schließen.

3 Schwanzteile rechts auf rechts aufeinanderlegen und die langen Seiten mit 5 mm Nahtzugabe schließen, die kurze Seite offen lassen und durch diese wenden.

4 Eine Seite des Reißverschlusses an die vordere Markierung des Bauches legen und mit großen Stichen mit 1 cm Nahtzugabe bis zur hinteren Markierung nähen. Dann mit dem Reißverschlussfuß so nah wie möglich an den Reißverschlusszähnchen von Markierung bis Markierung nähen. Gegengleich wiederholen. Nun den Reißverschluss auf die gewünschte Länge hinter der Naht kürzen, indem mit einer sehr engen Zick-Zack-Naht über das Ende des Reißverschlusses genäht wird. Jetzt den Bauch rechts auf rechts legen, der Reißverschluss liegt dazwischen, und den Anfang und das Ende des Bauches mit 1 cm Nahtzugabe schließen. Den Reißverschluss öffnen.

5 Die Beine der Seitenteile jeweils rechts auf rechts auf die Beine der Bauchteile legen und von der Schnauze bis zur Markierung Bauchende mit 5 mm Nahtzugabe nähen.

6 Den Schwanz zwischen die zwei Seitenteile legen, der Schwanz liegt dabei im Inneren des Körpers, die Seitenteile liegen rechts auf rechts. Von der Schnauze oben bis zur Markierung Bauchende die Seitenteile mit 5 mm Nahtzugabe zusammennähen.

7 Die Bügeleinlage auf die zwei Schnauzenteile bügeln. Dann die Mitten rechts auf rechts aufeinanderlegen und jeweils bis zur Markierung mit 1 cm Nahtzugabe zusammennähen. Die Mitte für den Schlitz offenlassen und die Nahtzugaben auseinanderbügeln.

8 Die Schnauze rechts auf rechts in die dafür vorgesehene Öffnung des Körperteils heften. Der Schlitz verläuft von oben nach unten; so trifft die Naht der Schnauze einmal auf die Naht der Seitenteile und einmal auf die Naht der Bauchteile. Mit 5 mm Nahtzugabe zusammennähen.

9 Die Sohlen rechts auf rechts an die Füße heften und mit 5 mm Nahtzugabe festnähen. Das Schwein durch die Öffnung am Reißverschluss wenden. Für die Augen ein kleines Loch an der Markierung einschneiden, die Augen befestigen und Mund und Nasenlöcher aufsticken.

10 Mit einem Messer einen ca. 3 cm langen Schlitz in den Deckel der Flasche schneiden und nach innen drücken.

11 Die Beine ausstopfen und eventuell den Rücken mit Watte auffüllen. Die Flasche mit der Öffnung zur Schnauze in den Körper stecken, die Flasche drehen, bis die Öffnung mit dem Schlitz der Schnauze übereinstimmt. Reißverschluss schließen.

Fröhliche Schwammtiere

Größe: je ca. 10 cm x 20 cm ✿ Schwierigkeitsgrad

Ab geht's in die Badewanne! Mit den lustigen Schwammtieren wird jedes Kind zur Wassernixe oder zum kleinen Wassermann. Die bunten Frotteekerlchen mit der weichen Schwammfüllung eignen sich prima zum Waschen oder einfach nur zum Planschen. Aufgehängt an ihren bunten Bändern schmücken die Meeresbewohner nicht nur jedes Badezimmer, sondern trocknen auch superschnell bis zum nächsten Badespaß.

Das brauchen Sie:
Vorlage S. 53, 58, 62 + 63

- Frotteestoff in Hellblau, Gelb, Dunkelblau, Weiß, Orange, Pink und Königsblau, je 60 cm breit, 20 cm lang
- Filzrest in Schwarz (Augen) und Rot (Krakenmund)
- Baumwollstoffrest in Grün gemustert (Fischpunkte)
- Satinbänder, Webbänder oder Seidenkordel in Blau- und Rottönen sowie in Gelb (Aufhängebänder)
- Schwammtücher und Schwämme (Füllung)
- Nähgarn in Orange, Blau, Türkis und Neongrün

So wird's gemacht

Zuschneiden:

Krake:

aus Frottee: 4 x Körper in Königsblau, 1 x Bauch in Hellblau, je 4 x Krakenbein in Hell- und Königsblau, 2 x Auge in Gelb, inkl. 7 mm Nahtzugabe;

aus Filz: 2 x Pupille in Schwarz, 1 x Mund in Rot

Goldfisch:

aus Frottee: 2 x Körper in Orange, 2 x Rückenflosse in Pink, 2 x Schwanzflosse in Pink; 4 x seitliche Flosse in Pink;

aus Schwammtuch: 2 x Körper;

aus Filz: 2 x Auge in Schwarz

Fisch:

aus Frottee: 2 x Fischkörper in Hellblau, 2 x Fischkopf in Gelb;

aus Schwammtuch: 2 x Körper;

aus Filz: 2 x Auge in Schwarz;

aus Baumwollstoff: zehn Punkte

Hai:

aus Frottee: 2 x Rücken in Dunkelblau, 1 x Bauch in Weiß, inkl. 7 mm Nahtzugabe

Krake

1 Pupillen mit Zick-Zack-Stich entlang der Kante auf die Augen nähen, anschließend Augen im Zick-Stich auf zwei der Körperteile nähen. Diese zwei Körperteile bis zur Spitze mit 7 mm Nahtzugabe zusammennähen. Danach den Mund auf der Naht platzieren und mit Zick-Zack-Stich aufnähen.

2 Die restlichen zwei Körperteile bis zur Spitze zusammennähen, dann die beiden Hälften verbinden und an der Spitze das Aufhängeband mitfassen. Das Band auf der linken Stoffseite verknoten, sodass es nicht herausrutschen kann.

3 Jeweils zwei Krakenbeine links auf links aufeinanderlegen und seitlich am Rand mit Zick-Zack-Stich zusammennähen. Die Beine an den Markierungen positionieren. Den Krakenbauch rechts auf rechts an den Körper nähen, vorher alle Beine nach innen legen. Eine Wendeöffnung lassen. Das Tier wenden und mit kleinen Schwammstückchen füllen. Zum Schluss die Öffnung von Hand schließen.

Goldfisch

1 Je zwei Flossen links auf links aufeinanderlegen und mit Zick-Zack-Stich entlang der Kante zusammennähen. Die seitlichen Flossen an den Fischkörper nähen und die Augen mit Zick-Zack-Stich aufnähen.

2 Ein Körperteil mit der linken Seite nach oben legen, zwei Schwammtücher und mit der rechten Seite nach oben das zweite Körperteil darauflegen. Die Rückenflosse und die Schwanzflosse einschieben und mit Zick-Zack-Stich festnähen.

Fisch

1 Die Augen mit Zick-Zack-Stich auf den Kopf und die Punkte auf den hinteren Teil des Fischkörpers nähen. Kopf links auf rechts auf den Körper legen und ebenso mit Zick-Zack-Stich festnähen.

2 Zugeschnittene Schwammtücher zwischen die beiden Fischkörper legen. Das Aufhängeband an der oberen Seite platzieren und den Fisch ringsherum mit Zick-Zack-Stich zusammennähen.

Hai

1 Kiemen und Augen mit dem Garn in Neongrün mit Zick-Zack-Stich auf die entsprechenden Stellen aufsticken. Den Fischrücken mit geradem Stich rechts auf rechts mit 7 mm Nahtzugabe zusammennähen, dabei das Aufhängeband mitfassen. Die Nahtzugabe an allen Ecken einschneiden.

2 Den weißen Bauch rechts auf rechts auf den Rücken legen und beide Teile zusammennähen, dabei eine Wendeöffnung lassen. Den Hai wenden, mit kleinen Schwammstückchen füllen und die Wendeöffnung von Hand schließen.

Tipp: Gästehandtücher oder ausrangierte Handtücher können hier wunderbar verwertet werden!

Das brauchen Sie: Vorlage S. 56/57

- Baumwollstoff in Blau mit Blümchen, 50 cm breit, 20 cm lang
- Zottelvlies in Beige oder Creme, 1 m breit, 30 cm lang
- Wolle in Schwarz und Beige (Augen und Mund)
- 1 Knäuel Wolle oder 1 Kordel in Hellblau (Beine)
- farblich passendes Nähgarn
- Pompon in Pink (Schwänzchen), ø ca. 2 cm
- 1 kleine Wärmflasche

Schäfchen-Wärmflasche

Größe: 20 cm x 35 cm 🌸 Schwierigkeitsgrad 🐾 🐾 🐾

Dieses süße Schäfchen sieht nicht nur putzig aus, es hält durch sein Zottelfell an kalten Wintertagen auch Kinderfüße warm. Mit der im Bauch untergebrachten Wärmflasche sorgt das Schaf für kuschelige Wärme. Schon beim Anblick der lustigen Baumelbeinchen und Schlappohren wird einem ganz warm ums Herz.

So wird's gemacht

Schnittmuster auf 280 % mit einem Kopierer vergrößern. Achtung! Vorab prüfen, ob die Wärmflasche auf den Schnitt passt. Evtl. die Schnitte weiter vergrößern.

Zuschneiden:
aus Zottelvlies: 1 x Körper Rückenteil Kopfseite, 1 x Körper Rückenteil Poseite, 1 x Körper Vorderseite, 2 x Ohren, 8 x Füße, inkl. 1 cm Nahtzugabe;
aus Baumwollstoff: 1 x Kopf, 2 x Ohr, inkl. 1 cm Nahtzugabe

1 Die Ohren paarweise rechts auf rechts legen und mit 1 cm Nahtzugabe zusammennähen, an der Kopfseite eine Wendeöffnung lassen. Wenden, glatt bügeln und an der Markierung falten.

2 Die Ohren am Kopf vorfixieren. Dann das Kopfteil an die Körpervorderseite nähen, die Stoffe liegen dabei rechts auf rechts. In der Ecke über dem Ohr einschneiden.

3 Das Pomponschwänzchen an der Markierung befestigen, der Pompon liegt auf der rechten Stoffseite und zeigt zum Körper.

4 Falls keine fertige Kordel vorhanden, für die Beine ca. zehn 2,5 m lange Wollfäden abschneiden, die Enden verknoten und zur Kordel drehen. Wenn die Kordel sehr straff eingedreht ist, die beiden Kordelenden zusammenführen. Die Kordelhälften sollten sich

jetzt verbinden. Vier gleich lange Teile abmessen, verknoten und abschneiden.

5 Die Fußzuschnitte in vier Paaren rechts auf rechts zusammennähen. Die gerade Kante offen lassen, wenden und ein Ende der Kordel einstecken. Die Naht von Hand schließen und das andere Kordelende am Körper feststecken.

6 Die Rückenteile des Schafes an der geraden Schnittkante je 2 cm einschlagen und festnähen. Dann das Schaf rechts auf rechts zusammenstecken. Dabei überlappen sich die Eingriffkanten für die Wärmflasche um 2 cm. Ohren, Beine und Schwänzchen nach innen legen und mit 1 cm Nahtzugabe zusammennähen.

7 Das Schaf durch den Eingriff wenden, das Gesicht mit Wolle aufsticken und eine Wärmflasche in den Schäfchenbauch legen.

Sitz-Schildkröte

Größe: 40 cm x 60 cm ✿ Schwierigkeitsgrad 🐾 🐾 🐾

Mit dieser witzigen Sitzgelegenheit peppen Sie jedes Kinderzimmer auf. Die Farben können nach Belieben der Kinderzimmereinrichtung angepasst werden.

Das brauchen Sie: Vorlage S. 62/63

• Cordstoff in Hellblau, 1,40 m breit, 40 cm lang

• Samt in Dunkelblau, 1,40 m breit, 30 cm lang

• Jeansstoff in Hellblau, 1,40 m breit, 50 cm lang

• Fleecestoff in Gelb, 1,40 m breit, 50 cm lang

• Bündchenstoff in Blau, 60 cm breit, 20 cm lang

• 9 verschiedene Baumwollstoffreste (Flicken)

• Filzrest in Schwarz und Weiß (Augen)

• farblich passendes Nähgarn

• Wollrest in Schwarz (Mund)

• Füllwatte (Kopf, Schwanz und Beine)

• Sitzkissen zum Aufblasen für den Körper

So wird's gemacht

Zuschneiden:

aus Cordstoff: 2 x Rücken vorn, 2 x Rücken hinten, inkl. 1 cm Nahtzugabe;

aus Fleecestoff in Gelb: 1 x Gesicht, 2 x Hals unten, 1 x Hals oben, inkl. 1 cm Nahtzugabe; 8 x Bein, 4 x Fußsohle, 2 x Schwänzchen, inkl. 7 mm Nahtzugabe; 2 x Augenlid;

aus Samt: 2 x Seite vorn, 2 x Seite hinten, inkl. 1 cm Nahtzugabe;

aus Jeansstoff: 1 x Boden im Bruch, inkl. 1 cm Nahtzugabe;

aus Bündchenstoff: 4 x Bündchen Bein, 1 x Bündchen Hals, inkl. 1 cm Nahtzugabe;

aus Stoffresten: 9 frei geformte Flicken;

aus Filz: 2 x Auge in Weiß, 2 x Pupille in Schwarz

1 Die Beine paarweise rechts auf rechts aufeinanderlegen und mit 7 mm Nahtzugabe zusammennähen. An der Körperseite eine Wendeöffnung lassen, die Beine wenden und die Fußsohlen rund einsetzen. Dann die Beine mit Watte füllen. Das Schwänzchen wie die Beine ohne Fußsohle fertigen.

2 Die Augen am Kopf mit Knopflochstich befestigen, die Pupillen darüberlegen und festnähen. Danach die Augenlider aufnähen. Den Kopf unter den Augenlidern vorsichtig einschneiden und das Lid mit Watte füllen.

3 Die Kopfmitte an den oberen Hals nähen. Die unteren Halsteile zusammennähen, rechts auf rechts auf den oberen Hals legen, rundherum mit 1 cm Nahtzugabe zusammennähen und wenden. Mit Watte füllen und den Mund aufsticken.

4 Den Bündchenstoff jeweils an der kurzen Seite zusammennähen, mittig längs falten und über Hals und Beine stülpen. Die Bündchen mit ein wenig Watte auspolstern und knappkantig an Beinen und Hals feststecken.

5 Die vorderen Seitenteile ober- und unterhalb des Halsloches zusammennähen und die Nahtzugabe auseinanderbügeln. Die Hals- und Beinlöcher seitlich entsprechend der Markierung einschneiden.

6 Beine und Hals mit den Bündchen von außen durch die Löcher stecken, mit Nadeln anstecken und ringsherum von innen festnähen. Achtung: Die Füße müssen nach oben zeigen.

7 Die Seitenteile jeweils seitlich zusammennähen, zwischen die hinteren Seitenteile das Schwänzchen klemmen und zusammennähen. Die Seitenteile bilden einen Ring.

8 Das aufblasbare Kissen auf das Stoffteil für den Boden legen. Auf dem Stoff anzeichnen, wo sich das Ventil befindet. Dort mit Knopflochstich einen kleinen Kreis auf den Boden sticken. Das Kreisinnere herausschneiden, um dort das Ventil durchzustecken.

9 Den Ring aus Seitenteilen rechts auf rechts an den Boden nähen und die Rückenteile rechts auf rechts aneinandernähen. Dann die Flicken auf dem Rücken platzieren und mit Knopflochstich aufnähen.

10 Das Rückenteil rechts auf rechts auf die Seitenteile stecken, rundherum festnähen. Beine, Kopf und Schwanz liegen innen. Eine kleine Wendeöffnung lassen und die Schildkröte wenden. Das Kissen zum Aufblasen durch die Öffnung stecken. Anschließend die Wendeöffnung verdeckt von Hand schließen.

Drolli, das Pyjamafresserchen

Größe: 30 cm x 35 cm ✿ Schwierigkeitsgrad 🐾 🐾 🐾

Mjam, mjam, mjam, kleine Schlafanzüge und Nachthemdchen frisst das hungrige Pyjama-fresserchen besonders gern. Wenn das Kind abends sein Nachtgewand aus diesem drolligen Monster holen muss, ist das Zubettgehen nur noch halb so schlimm. Und morgens werden Pyjama oder Nachthemd einfach wieder in seinem Bauch verstaut.

Das brauchen Sie: Vorlage S. 47 + 53

- Baumwollstoff in Apfelgrün mit weißen Punkten, 1,40 m breit, 50 cm lang
- Baumwollstoff in Braun-Weiß-Orange-Grün kariert, 1,40 m breit, 50 cm lang
- Samt in Orange, 80 cm breit, 30 cm lang
- Futterstoff in Orange, 80 cm breit, 30 cm lang
- Bügeleinlage in Weiß, mittelstark, 90 cm breit, 1 m lang
- Füllwatte, Filzreste in Weiß und Schwarz
- 1 Reißverschluss in Apfelgrün, 20 cm lang
- Wollrest in Schwarz (Mund)
- farblich passendes Garn, Polsternadel

So wird's gemacht

Alle Schnittteile mit einem Kopierer auf 340 % vergrößern. Die Schnittteile für Körper und Drachenzacken an den Markierungen zu je einem großen Schnittteil zusammenkleben.

Zuschneiden:

aus Baumwollstoff mit Punkten: 2 x Körper, 1 x Boden, inkl. 1 cm Nahtzugabe;

aus Baumwollstoff kariert: 4 x Fuß, 4 x Arm, 2 x Drachenzacken, inkl. 5 mm bzw. 1 cm Nahtzugabe;

aus Samt: 2 x Bauch, 2 x Zehen, inkl. 1 cm Nahtzugabe; 2 x Nüstern;

aus Bügeleinlage: 2 x Körper, 2 x Bauch, 1 x Boden;

aus Futterstoff: 2 x Bauch;

aus Filz in Weiß: 2 x Auge;

aus Filz in Schwarz: 2 x Pupille

1 Die Bügeleinlage auf die linke Stoffseite von Körper und Bauchteilen bügeln. Dann Zehen, Nüstern und Augen laut Markierung auf dem Stoff feststecken und mit farblich passendem Garn im Knopflochstich aufnähen.

2 Je zwei Arme und Füße mit 1 cm Nahtzugabe und die Drachenzacken mit 5 mm Nahtzugabe rechts auf rechts aufeinanderlegen und zusammennähen. Die dem Körper zugewandte Seite bleibt offen. Die Nahtzugaben in allen Ecken unbedingt bis zur Naht einschneiden, da sonst Zugpunkte entstehen. Wenden, kantig bügeln und die Arme mit Watte füllen.

3 Den Reißverschluss zwischen die Bauchteile nähen, den Rest der Naht schließen. Nun die Drachenzacken zwischen die beiden Körperteile legen und feststecken. Die Zacken zeigen dabei nach innen und liegen rechts auf rechts. Entlang der Außenkante über Hals, Schnauze, Kopf, Rücken und Schwanzspitze mit 1 cm Nahtzugabe nähen, wenden und prüfen, ob die Zacken richtig sitzen. Wieder wenden.

4 Nun den Boden entlang der Schwanzunterseite rechts auf rechts mit 1 cm Nahtzugabe einnähen. Arme und Füße an den Markierungen am Bauch feststecken. Sie liegen dabei auf der rechten Stoffseite und zeigen mit den Zacken zum Bauch.

5 Den Reißverschluss öffnen, den Bauch rund einsetzen, zunächst feststecken und anschließend mit 1 cm Nahtzugabe rund einnähen. Durch den geöffneten Reißverschluss den Dino wenden. Vorher unbedingt die Nahtzugabe in allen Ecken und Rundungen bis zur Naht einschneiden bzw. die Nahtzugabe in der Schwanzspitze zurückschneiden.

6 Kopf, Hals und Schwanz mit Watte ausstopfen. Das Futter für die Pyjamatasche rechts auf rechts zusammennähen und an der Reißverschlussseite offen lassen. Die Nahtzugabe einbügeln, von Hand innen an das Reißverschlussband nähen und den Mund mit der Polsternadel aufsticken.

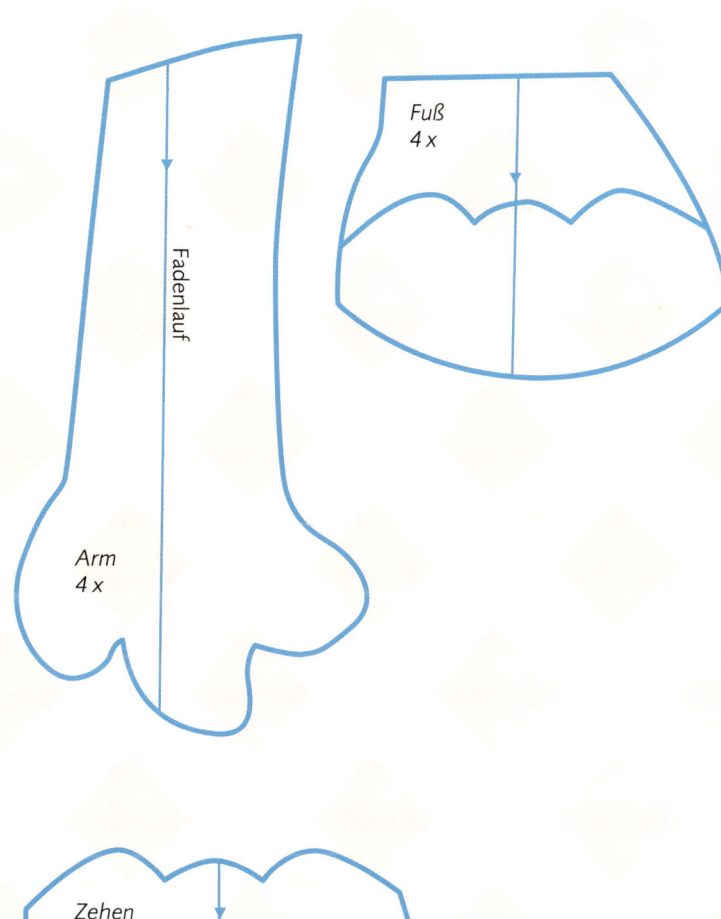

Fadenlauf

Fuß
4 x

Arm
4 x

Zehen
2 x

Das brauchen Sie: Vorlage S. 49 + 61

- Kurzhaarfell in Goldgelb, 80 cm breit, 30 cm lang

- Langhaarfell in Braun, 20 cm breit, 10 cm lang

- Bündchenstoff, 19 cm breit, 8 cm lang, oder fertiges Ärmelbündchen in Braun

- Wollrest in Braun (Mund und Nase); Volumenvlies, 1 cm stark, 80 cm breit, 20 cm lang; Polsternadel

- dünnes Lederband in Dunkelbraun, ca. 1 m lang (Schnurrhaare)

- 2 Tieraugen zum Annähen aus Kunststoff, ø 1,2 cm

Handpuppe Luzi Löwenkatze

Größe: 28 cm x 24 cm ❀ Schwierigkeitsgrad

Tri-tra-tralala, heute ist der Löwe da. Diese lustige Handpuppe bringt Kinderaugen zum Strahlen. Auf Kinderhänden regt sie die Fantasie an: Sich wilde Geschichten auszudenken und sie einander auf einer selbstgebastelten Bühne aus alten Kartons vorzuspielen, ist ein Riesenspaß.

Kopf vorn
1 x Fell
1 x Volumenvlies

So wird's gemacht

Zuschneiden:

aus Fell in Goldgelb: 1 x Kopf vorn, 2 x Körper, 1 x Schwänzchen, 4 x Ohr, inkl. 7 mm Nahtzugabe;

aus Fell in Braun: 1 x Hinterkopf oben, 1 x Hinterkopf unten, 1 x Schwanzspitze, inkl. 7 mm Nahtzugabe;

aus Volumenvlies: 1 x Kopf vorn, 1 x Hinterkopf oben, 1 x Hinterkopf unten, inkl. 7 mm Nahtzugabe;

aus Bündchenstoff: 18 cm x 7 cm (Rippen müssen entlang der kurzen Seite verlaufen), inkl. 7 mm Nahtzugabe

1 Je zwei Ohrteile rechts auf rechts aufeinanderlegen, zusammennähen und eine Wendeöffnung lassen. Wenden und beide Ohren am Kopf feststecken. Das Schwänzchen an die Schwanzspitze nähen, an der langen Seite Nahtzugaben nach innen einschlagen und knappkantig zusammennähen. Den Körper an der Markierung vorsichtig einschneiden, das Schwänzchen durchstecken und die Öffnung von der linken Stoffseite aus schließen.

2 Den Körper rechts auf rechts legen und an den Seiten entlang der Fingerform mit 7 mm Nahtzugabe zusammennähen. Die Nahtzugabe mit Zick-Zack-Stich versäubern. Oben und unten offen lassen, dann wenden.

3 Das Bündchen auf der kurzen Seite zum Ring nähen, mittig der Länge nach falten und bügeln, die Nahtzugabe liegt dabei innen. Über das untere Ende des Körpers stülpen und die drei Lagen mit Zick-Zack-Stich unter Zug (die beiden Strecken sind ungleich lang) zusammennähen.

4 Das Volumenvlies rundherum knappkantig an die einzelnen Kopfschnitteile nähen. Je ein kurzes Stück der geraden Strecken an den Hinterkopfteilen von beiden Seiten ausgehend bis zur Markierung zusammennähen.

5 Die Augen nach einem kleinen Einschnitt an entsprechender Stelle durch den Stoff stecken und von Hand festnähen.

6 Kopf und Hinterkopf rechts auf rechts zusammenlegen – das Volumenvlies liegt nun jeweils außen – und mit 7 mm Nahtzugabe zusammennähen.

7 In den Ecken die Nahtzugabe einschneiden und den Kopf wenden. Die Öffnung am Hinterkopf von Hand schließen, dabei am Handschuh festnähen.

8 Mund und Nase aufsticken, das dünne Lederband in acht Stücke schneiden und als Schnurrhaare durch den Stoff ziehen. Dort, wo das Lederband aus dem Stoff tritt, je einmal verknoten.

– – – Markierung Teilungsnaht Kopf hinten
— Position Ohr
◯ Position Augen
• Position Schnurrhaare

Adventskalender-Eule

Größe: 80 cm x 80 cm ✿ **Schwierigkeitsgrad** 🐾 🐾 🐾

Regina, die Rieseneule ist das ganze Jahr eine dicke Freundin zum Drücken, Schmusen und Anlehnen. In der Weihnachtszeit verwandelt sich Regina in einen ganz besonderen Advents-kalender. Ihr Weihnachtsbauch lässt sich mit Druckknöpfen einfach anknöpfen; hier finden 21 kleine Täschchen für Süßigkeiten und Minigeschenke Platz. Zum Nikolaustag, zur Halbzeit und zu Heiligabend bringt Regina Säckchen zum Anknoten an Flügeln und am Schnabel mit.

So wird's gemacht

Schnittmuster auf 340 % vergrößern und an den Markierungen wie beschrieben zusammenkleben.

Zuschneiden:

aus Fleecestoff in Dunkelbraun: 2 x Körper, davon 1 x Gesicht an Markierung ausschneiden, 1 x Boden, inkl. 1 cm Nahtzugabe;

aus Fleecestoff in Hellbraun: 1 x Gesicht, inkl. 1 cm Nahtzugabe; 1 x Schwanzfeder;

aus Bügeleinlage: 2 x Körper, 1 x Boden, 1 x Gesicht;

aus Filz in Hellbraun: 1 x Bauch, inkl. 1 cm Nahtzugabe;

aus Filz in Dunkelbraun: Zahlen von 1–24;

aus Baumwollstoff: 21 x Beutel, 6 x Säckchen (aus 3 versch. Stoffen), inkl. 1 cm Nahtzugabe;

aus Filz in Gelb: 1 x Schnabel oben, 1 x Schnabel unten, 4 x Füße, inkl. 1 cm Nahtzugabe;

aus Filz in Weiß: 2 x Auge;

aus Filz in Blau: 2 x Iris;

aus Fell: 2 x Ohrenform, inkl. 1 cm Nahtzugabe;

aus Pappe: 1 x Beutel ohne Nahtzugabe (Bügel-schablone)

Das brauchen Sie: Vorlage S. 63/64

- Fleecestoff in Dunkelbraun, 1,40 m breit, 1 m lang
- Fleecestoff in Hellbraun, 1,40 m breit, 30 cm lang
- mittelstarke Bügeleinlage in Schwarz, 90 cm breit, 2 m lang
- Filzplatte in Hellbraun, ca. 5 mm stark (Bauch), A2
- Filzplatte in Dunkelbraun, ca. 3 mm stark (Zahlen), A4
- 8 verschiedene Baumwollstoffe, je 1,40 m breit, 20 cm lang (Beutel und Säckchen)
- Filzrest in Gelb, Weiß und Blau, ca. 3 mm stark
- Fellrest in Braun
- Satinband in Rot, 1 cm breit, 1 m lang
- Ripsband in Gelb und Dunkelbraun, 1 cm breit, 10 cm lang
- 2 Tieraugen zum Aufnähen aus Kunststoff oder Glas, ø ca. 2 cm
- 12 Plastikdruckknöpfe in Braun
- Gummiband, 5 mm breit, 1 m lang
- farblich passendes Nähgarn, Füllwatte
- 1 Päckchen Kirschkerne
- Rest Pappe

1 Die Füße paarweise rechts auf rechts legen und 1 cm breit steppen. Zum Wenden an der Körperseite eine Öffnung lassen. Die Füße verstürzen, mit Watte füllen und anschließend die Zehen absteppen.

2 Die Bügeleinlage auf der linken Stoffseite von Körper, Gesicht und Boden aufbügeln.

3 Die Schwanzfeder auf dem Rückenteil platzieren und ringsherum mit Knopflochstich aufnähen, dabei mit Watte auspolstern.

4 Augen und Iris aus Filz mit Knopflochstich aufnähen, anschließend die Tieraugen auf der Iris befestigen. Ca. 4 cm des gelben Ripsbandes abschneiden, die Kanten einbügeln und an der Schnabelunterseite festnähen. Hier kann ein Band durchgefädelt werden. Das braune Ripsband je an den Flügelenden der Körperrückseite annähen.

5 Die Schnabelteile rechts auf rechts legen und an zwei Seiten zusammennähen, verstürzen und das obere Schnabelteil am Gesicht festnähen. Anschließend das Gesicht rund in den Körper einsetzen. Die Fellreste an den Ohren festnähen und die Druckknöpfe laut Markierungen am Körper anbringen.

6 Die Körperteile der Eule rechts auf rechts legen und 1 cm breit steppen, den Boden und eine kleine Wendeöffnung am Flügel offen lassen. Den Boden rund einsetzen, die Eule verstürzen und mit Watte ausstopfen. Für die Standfestigkeit der Eule die Kirschkerne einfüllen. Die Wendeöffnung von Hand schließen.

7 Die Knopflöcher an den Vorderseiten der drei großen Säckchen anbringen. Je zwei Säckchenteile rechts auf rechts legen, 1 cm breit steppen und die Kanten mit Zick-Zack-Stich versäubern. Den oberen Rand etwas einschlagen. Ober- und unterhalb der Knopflöcher ringsum einen Tunnel steppen.

8 Das Satinband in drei gleiche Teile schneiden, mit einer Sicherheitsnadel durch die Tunnel fädeln und am Ripsband anknoten.

9 Zum Bügeln der Beutel eine Schablone aus Pappe vorbereiten, auf die Zuschnitte legen und alle Kanten der Beutel einbügeln. Die Filzzahlen aufnähen. Dann entlang der oberen geraden Kante 7 mm breit steppen, sodass ein Tunnel entsteht. Das Gummiband durch den Tunnel ziehen, den Tascheneingriff leicht raffen, das Band seitlich festnähen und abschneiden.

10 Die Beutel auf dem Filzbauch anordnen und knappkantig aufnähen. Anschließend die Druckknöpfe so am Rand des Bauches anbringen, dass er auf die Eule passt.

Schnittmuster

Alle Schnittmuster auf den Seiten 53–64 auf 200 % vergrößern, außer „Mimi, die Megamaus", „Schäfchen-Wärmflasche", „Drolli, das Pyjamafresserchen" und „Adventskalender-Eule". Beachten Sie bei diesen Modellen bitte die jeweiligen Vergrößerungshinweise auf den Anleitungsseiten.

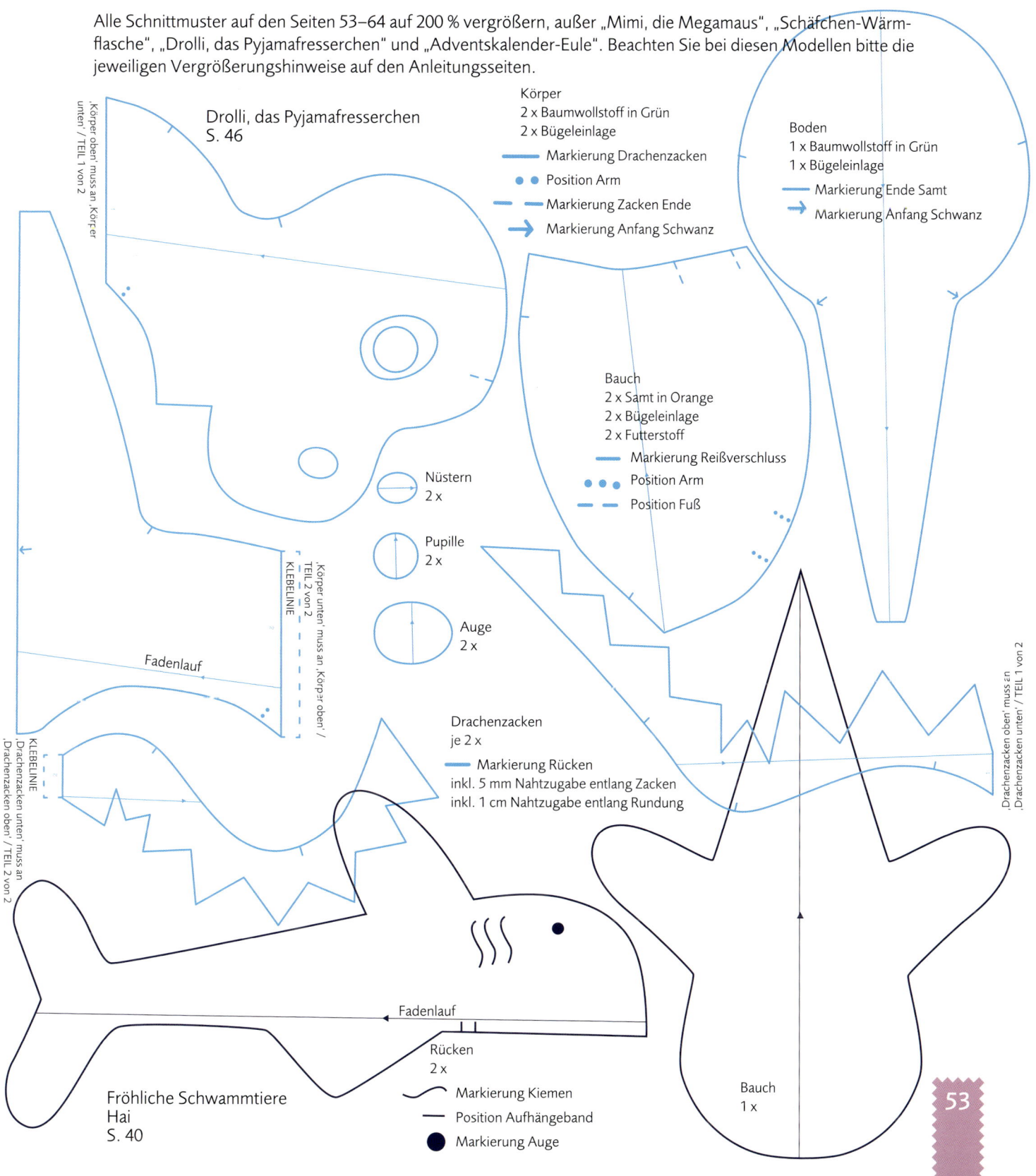

Drolli, das Pyjamafresserchen
S. 46

Körper oben' muss an ‚Körper unten' / TEIL 1 von 2

Körper unten' muss an ‚Körper oben' / TEIL 2 von 2
KLEBELINIE

Fadenlauf

KLEBELINIE
‚Drachenzacken unten' muss an ‚Drachenzacken oben' / TEIL 2 von 2

Körper
2 x Baumwollstoff in Grün
2 x Bügeleinlage

—— Markierung Drachenzacken
• • Position Arm
- - - Markierung Zacken Ende
→ Markierung Anfang Schwanz

Boden
1 x Baumwollstoff in Grün
1 x Bügeleinlage

—— Markierung Ende Samt
→ Markierung Anfang Schwanz

Bauch
2 x Samt in Orange
2 x Bügeleinlage
2 x Futterstoff

—— Markierung Reißverschluss
• • • Position Arm
- - - Position Fuß

Nüstern
2 x

Pupille
2 x

Auge
2 x

Drachenzacken
je 2 x

—— Markierung Rücken
inkl. 5 mm Nahtzugabe entlang Zacken
inkl. 1 cm Nahtzugabe entlang Rundung

‚Drachenzacken oben' muss an ‚Drachenzacken unten' / TEIL 1 von 2

Fröhliche Schwammtiere
Hai
S. 40

Fadenlauf

Rücken
2 x

—— Markierung Kiemen
— Position Aufhängeband
● Markierung Auge

Bauch
1 x

53

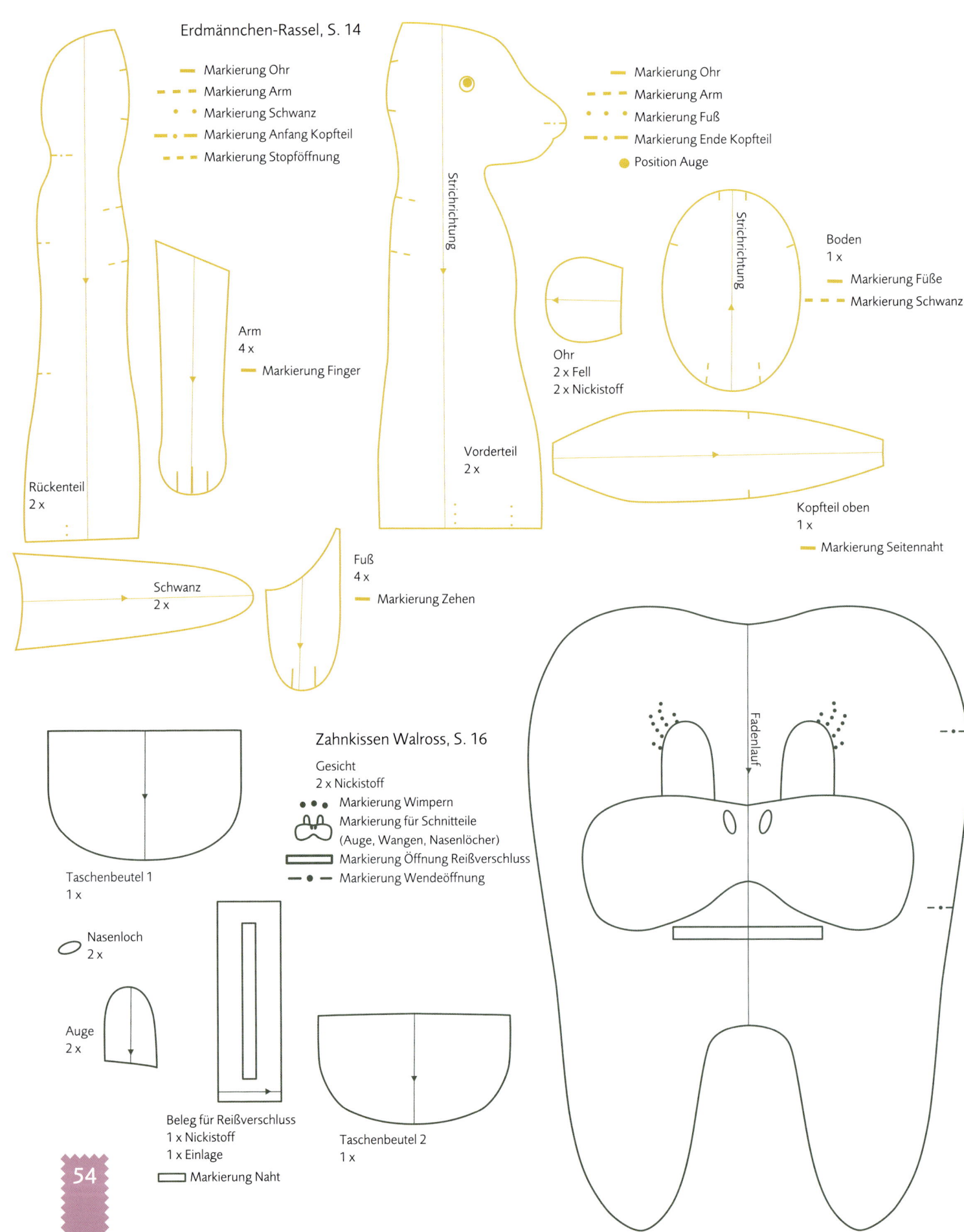

Erdmännchen-Rassel, S. 14

— Markierung Ohr
– – Markierung Arm
· · · Markierung Schwanz
— · — Markierung Anfang Kopfteil
– – – Markierung Stopföffnung

— Markierung Ohr
– – Markierung Arm
· · · Markierung Fuß
— · — Markierung Ende Kopfteil
● Position Auge

Strichrichtung

Strichrichtung

Boden
1 x

— Markierung Füße
– – Markierung Schwanz

Ohr
2 x Fell
2 x Nickistoff

Arm
4 x

— Markierung Finger

Vorderteil
2 x

Rückenteil
2 x

Kopfteil oben
1 x

— Markierung Seitennaht

Schwanz
2 x

Fuß
4 x

— Markierung Zehen

Taschenbeutel 1
1 x

Zahnkissen Walross, S. 16

Gesicht
2 x Nickistoff

· · · Markierung Wimpern
Markierung für Schnitteile
(Auge, Wangen, Nasenlöcher)
▭ Markierung Öffnung Reißverschluss
— · — Markierung Wendeöffnung

Fadenlauf

Nasenloch
2 x

Auge
2 x

Beleg für Reißverschluss
1 x Nickistoff
1 x Einlage

▭ Markierung Naht

Taschenbeutel 2
1 x

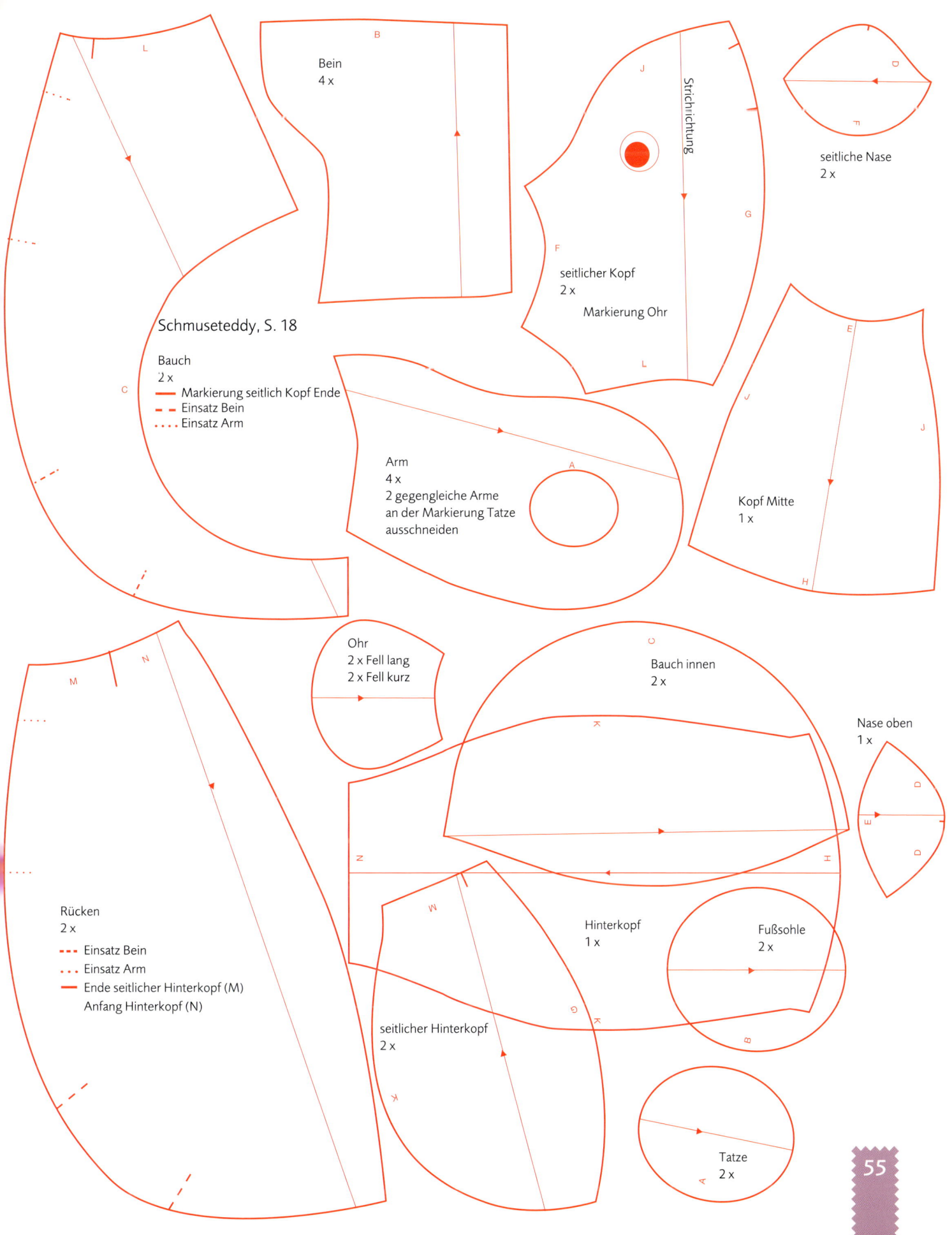

L

B
Bein
4 x

J
Strichrichtung

D
seitliche Nase
2 x
F

G

F
seitlicher Kopf
2 x
Markierung Ohr

L

J

E
J

Schmuseteddy, S. 18

Bauch
2 x
— Markierung seitlich Kopf Ende
-- Einsatz Bein
··· Einsatz Arm

C

Arm
4 x
2 gegengleiche Arme
an der Markierung Tatze
ausschneiden

A

Kopf Mitte
1 x

H

Ohr
2 x Fell lang
2 x Fell kurz

C
Bauch innen
2 x

K

Nase oben
1 x

D
D

E

H

M
N
M

N
Rücken
2 x
-- Einsatz Bein
··· Einsatz Arm
— Ende seitlicher Hinterkopf (M)
Anfang Hinterkopf (N)

M

Hinterkopf
1 x

Fußsohle
2 x

B

seitlicher Hinterkopf
2 x

G
K

K

Tatze
2 x
A

55

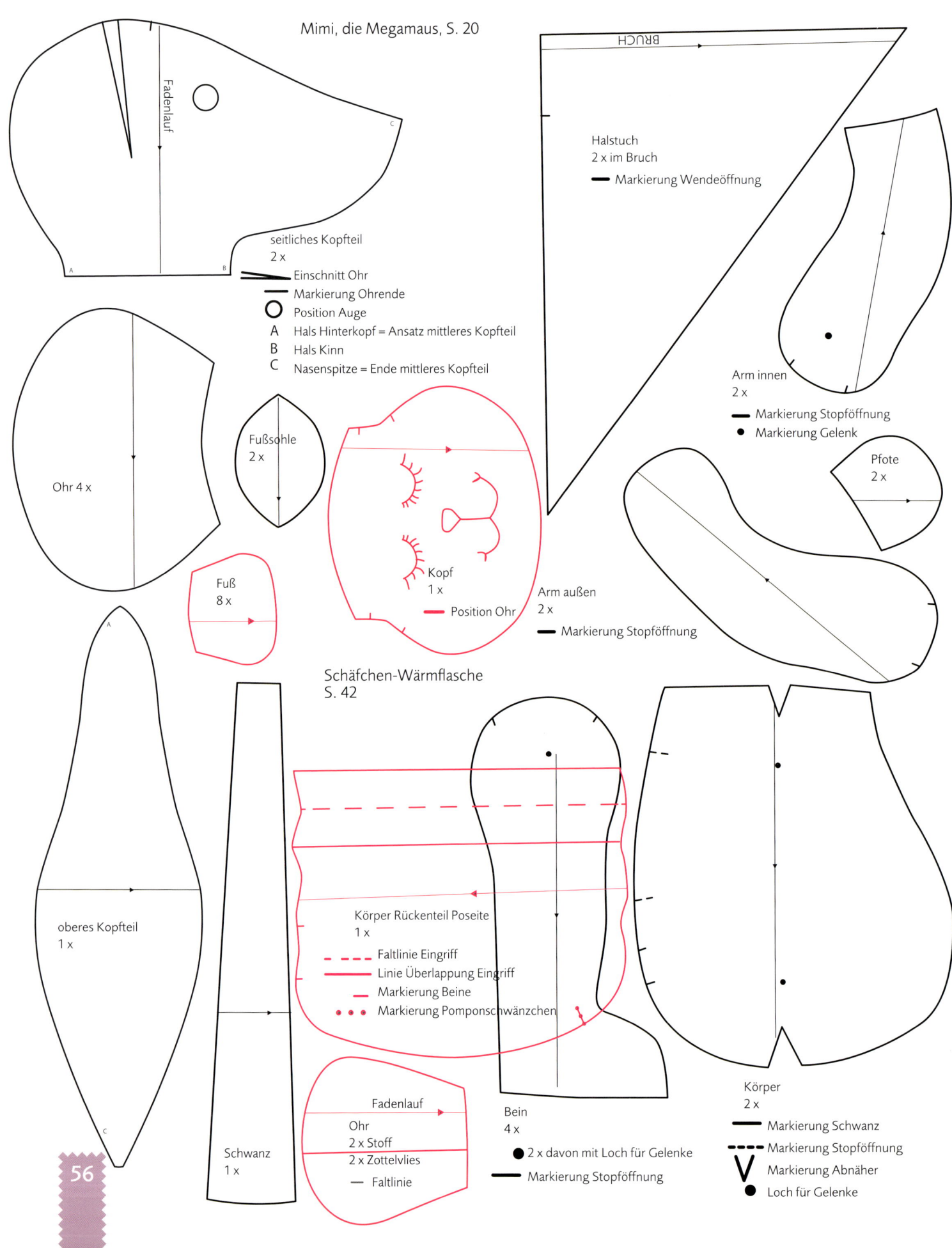

Mimi, die Megamaus, S. 20

Fadenlauf

seitliches Kopfteil
2 x

— Einschnitt Ohr
— Markierung Ohrende
O Position Auge
A Hals Hinterkopf = Ansatz mittleres Kopfteil
B Hals Kinn
C Nasenspitze = Ende mittleres Kopfteil

Ohr 4 x

Fußsohle
2 x

Fuß
8 x

Kopf
1 x
— Position Ohr

BRUCH

Halstuch
2 x im Bruch
— Markierung Wendeöffnung

Arm innen
2 x
— Markierung Stopföffnung
● Markierung Gelenk

Pfote
2 x

Arm außen
2 x
— Markierung Stopföffnung

Schäfchen-Wärmflasche
S. 42

oberes Kopfteil
1 x

Schwanz
1 x

Körper Rückenteil Poseite
1 x
--- Faltlinie Eingriff
— Linie Überlappung Eingriff
— Markierung Beine
··· Markierung Pomponschwänzchen

Ohr
2 x Stoff
2 x Zottelvlies
— Faltlinie

Fadenlauf

Bein
4 x
● 2 x davon mit Loch für Gelenke
— Markierung Stopföffnung

Körper
2 x
— Markierung Schwanz
--- Markierung Stopföffnung
V Markierung Abnäher
● Loch für Gelenke

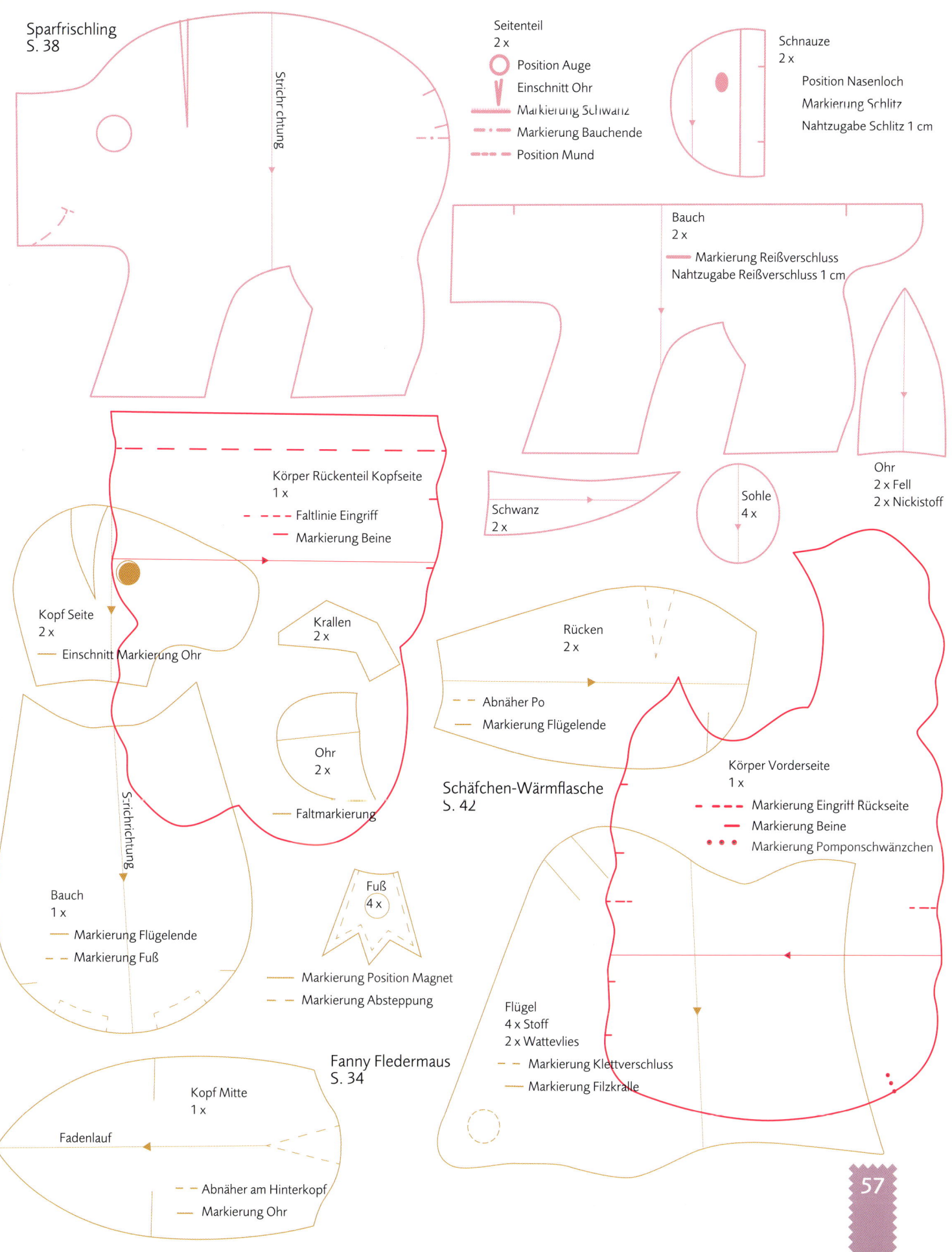

Sparfrischling
S. 38

Seitenteil
2 x
○ Position Auge
⌵ Einschnitt Ohr
— Markierung Schwanz
—·— Markierung Bauchende
— — Position Mund

Schnauze
2 x
Position Nasenloch
Markierung Schlitz
Nahtzugabe Schlitz 1 cm

Strichrichtung

Bauch
2 x
— Markierung Reißverschluss
Nahtzugabe Reißverschluss 1 cm

Körper Rückenteil Kopfseite
1 x
— — Faltlinie Eingriff
— Markierung Beine

Schwanz
2 x

Sohle
4 x

Ohr
2 x Fell
2 x Nickistoff

Kopf Seite
2 x
— Einschnitt Markierung Ohr

Krallen
2 x

Rücken
2 x
— — Abnäher Po
— Markierung Flügelende

Schäfchen-Wärmflasche
S. 42

Körper Vorderseite
1 x
— — Markierung Eingriff Rückseite
— Markierung Beine
· · · Markierung Pomponschwänzchen

Ohr
2 x
— Faltmarkierung

Strichrichtung

Fuß
4 x
— Markierung Position Magnet
— — Markierung Absteppung

Bauch
1 x
— Markierung Flügelende
— — Markierung Fuß

Flügel
4 x Stoff
2 x Wattevlies
— — Markierung Klettverschluss
— Markierung Filzkralle

Fanny Fledermaus
S. 34

Kopf Mitte
1 x

Fadenlauf

— — Abnäher am Hinterkopf
— Markierung Ohr

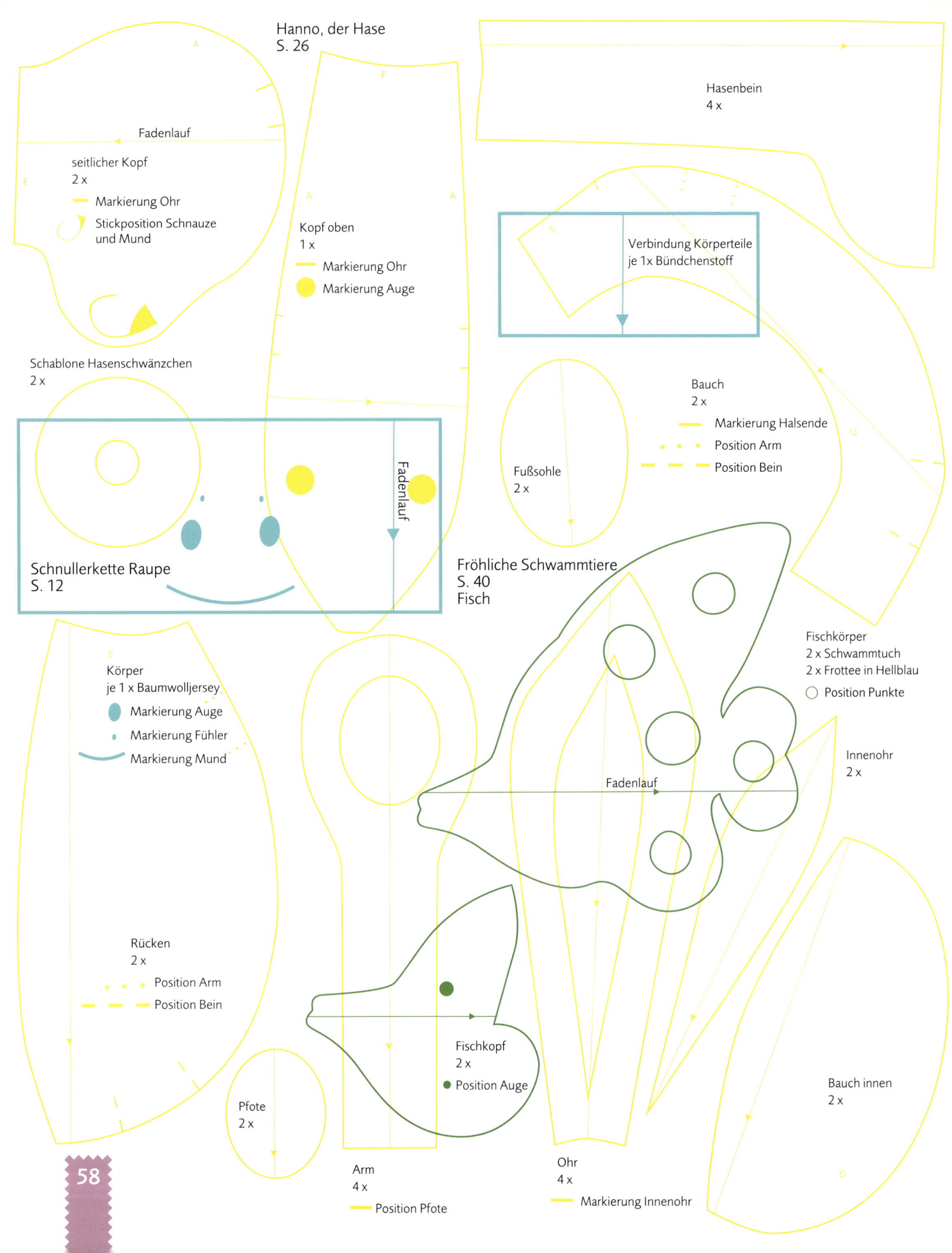

Hanno, der Hase
S. 26

Fadenlauf

seitlicher Kopf
2 x

▬ Markierung Ohr

◗ Stickposition Schnauze
und Mund

Schablone Hasenschwänzchen
2 x

Kopf oben
1 x

▬ Markierung Ohr

● Markierung Auge

Hasenbein
4 x

Verbindung Körperteile
je 1x Bündchenstoff

Fußsohle
2 x

Bauch
2 x

▬ Markierung Halsende

⋯ Position Arm

╌ Position Bein

Schnullerkette Raupe
S. 12

Fadenlauf

Körper
je 1 x Baumwolljersey

● Markierung Auge

• Markierung Fühler

◡ Markierung Mund

Fröhliche Schwammtiere
S. 40
Fisch

Fischkörper
2 x Schwammtuch
2 x Frottee in Hellblau

○ Position Punkte

Fadenlauf

Innenohr
2 x

Rücken
2 x

⋯ Position Arm

╌ Position Bein

Fischkopf
2 x

● Position Auge

Bauch innen
2 x

Pfote
2 x

Arm
4 x

▬ Position Pfote

Ohr
4 x

▬ Markierung Innenohr

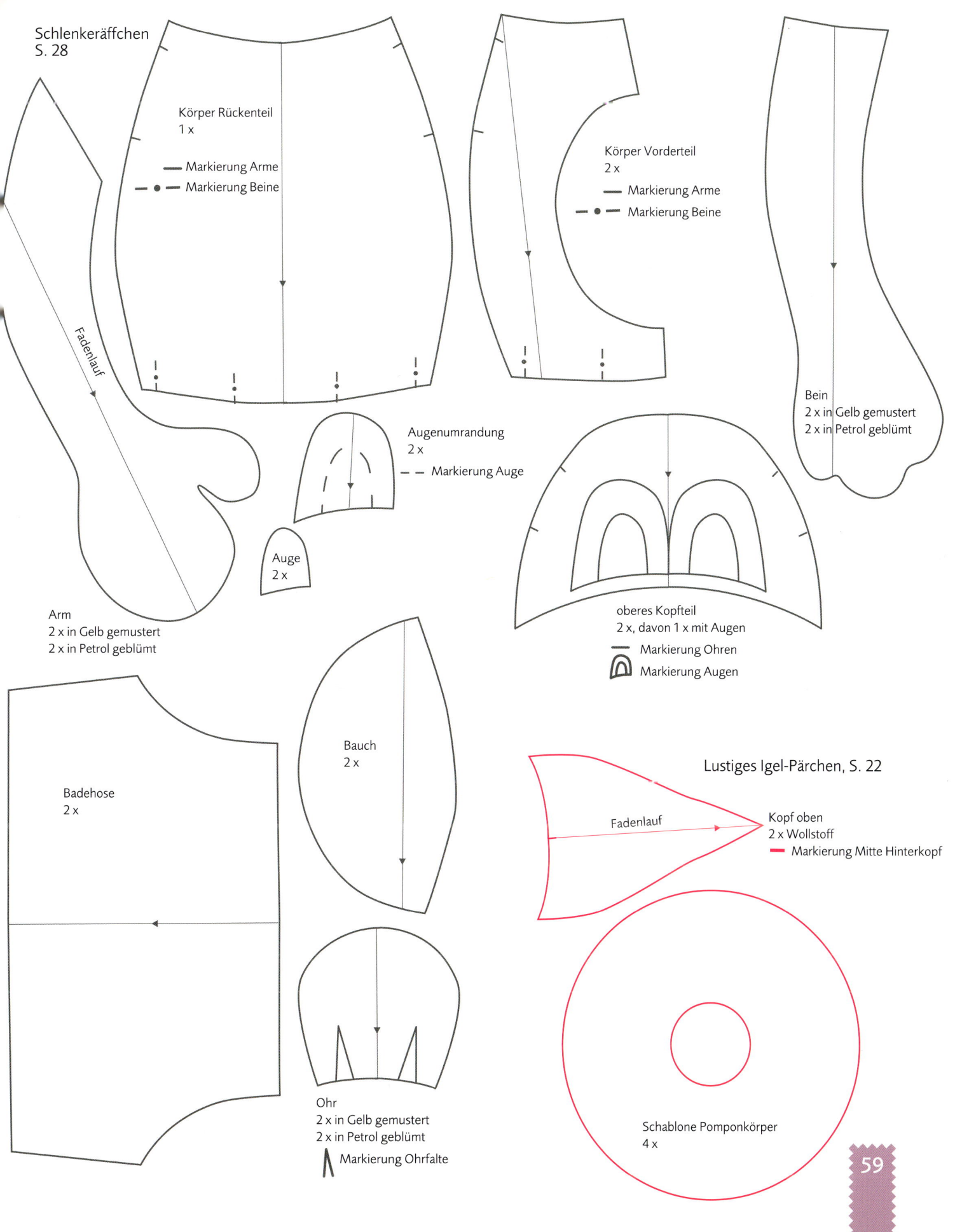

Schlenkeräffchen
S. 28

Körper Rückenteil
1 x

—— Markierung Arme

— • — Markierung Beine

Fadenlauf

Körper Vorderteil
2 x

—— Markierung Arme

— • — Markierung Beine

Bein
2 x in Gelb gemustert
2 x in Petrol geblümt

Augenumrandung
2 x

— — Markierung Auge

Auge
2 x

Arm
2 x in Gelb gemustert
2 x in Petrol geblümt

oberes Kopfteil
2 x, davon 1 x mit Augen

— Markierung Ohren

⌒ Markierung Augen

Bauch
2 x

Badehose
2 x

Lustiges Igel-Pärchen, S. 22

Fadenlauf

Kopf oben
2 x Wollstoff

—— Markierung Mitte Hinterkopf

Schablone Pomponkörper
4 x

Ohr
2 x in Gelb gemustert
2 x in Petrol geblümt

∧ Markierung Ohrfalte

59

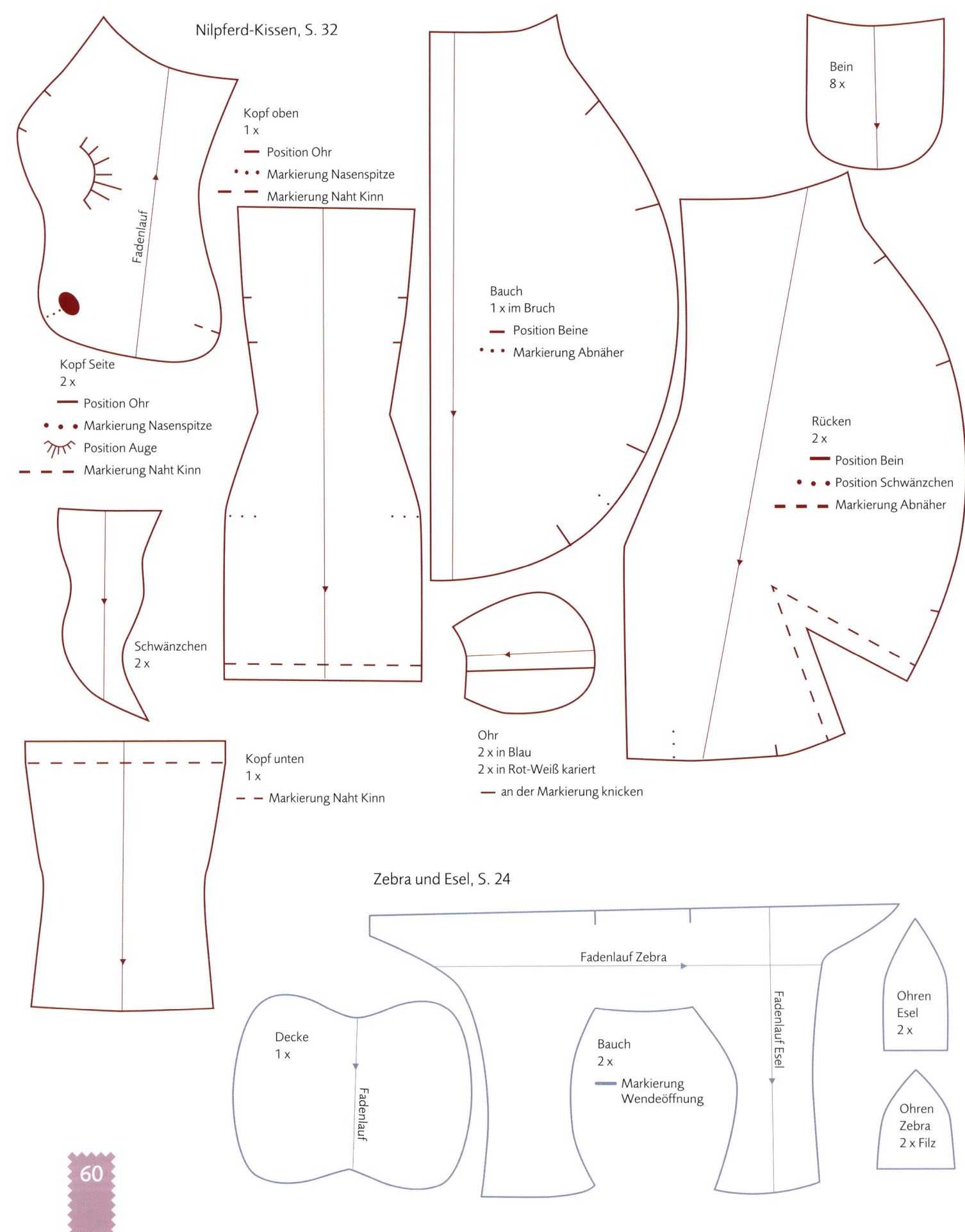

Nilpferd-Kissen, S. 32

Kopf oben
1 x
— Position Ohr
· · · Markierung Nasenspitze
— — Markierung Naht Kinn

Kopf Seite
2 x
— Position Ohr
· · · Markierung Nasenspitze
⋀⋀⋀ Position Auge
— — Markierung Naht Kinn

Fadenlauf

Bauch
1 x im Bruch
— Position Beine
· · · Markierung Abnäher

Bein
8 x

Rücken
2 x
— Position Bein
· · · Position Schwänzchen
— — Markierung Abnäher

Schwänzchen
2 x

Kopf unten
1 x
— — Markierung Naht Kinn

Ohr
2 x in Blau
2 x in Rot-Weiß kariert
— an der Markierung knicken

Zebra und Esel, S. 24

Fadenlauf Zebra

Fadenlauf Esel

Decke
1 x

Fadenlauf

Bauch
2 x
— Markierung
Wendeöffnung

Ohren
Esel
2 x

Ohren
Zebra
2 x Filz

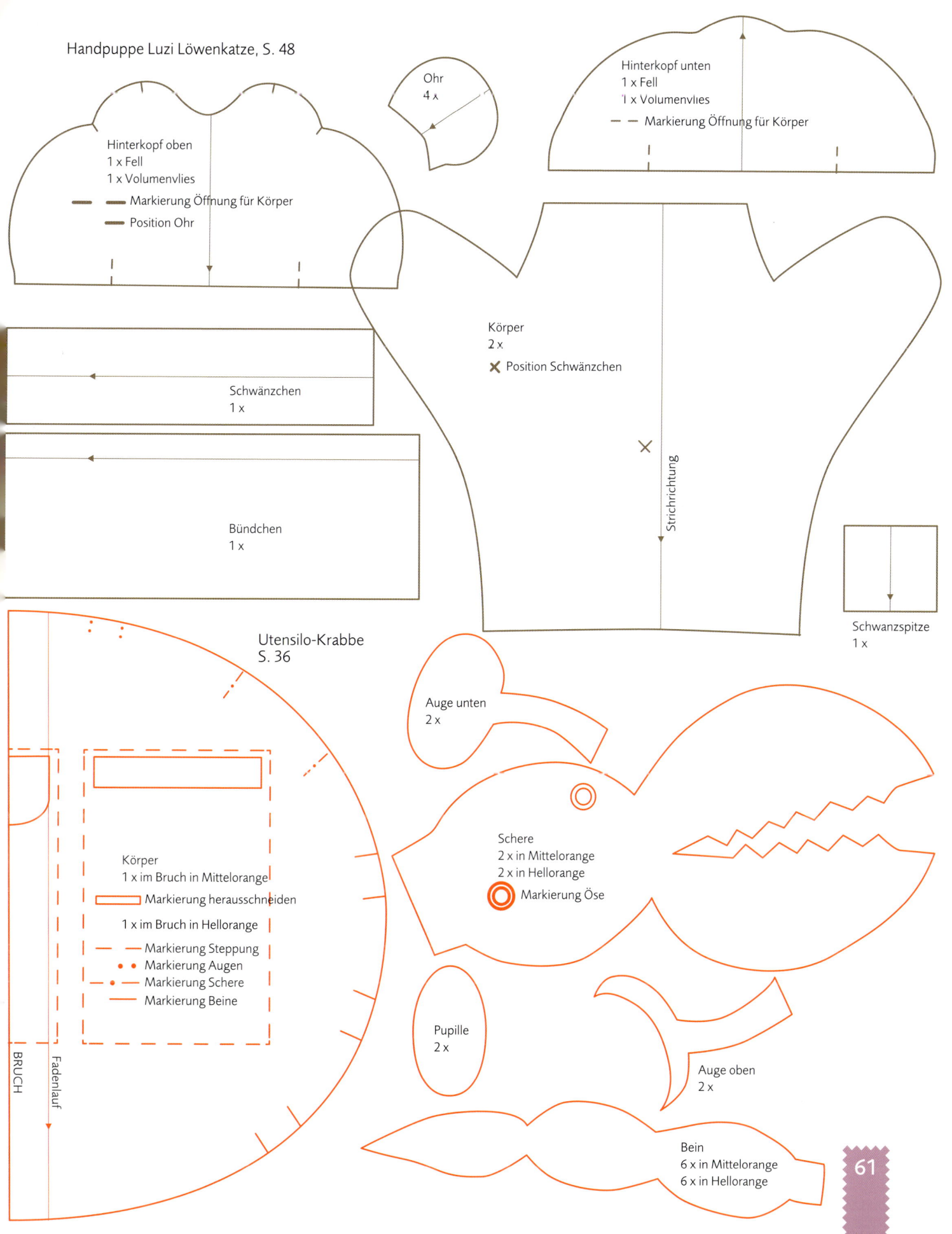

Handpuppe Luzi Löwenkatze, S. 48

Hinterkopf oben
1 x Fell
1 x Volumenvlies

– – Markierung Öffnung für Körper

— Position Ohr

Ohr
4 x

Hinterkopf unten
1 x Fell
1 x Volumenvlies

– – Markierung Öffnung für Körper

Körper
2 x

✗ Position Schwänzchen

Strichrichtung

Schwänzchen
1 x

Bündchen
1 x

Schwanzspitze
1 x

Utensilo-Krabbe
S. 36

Körper
1 x im Bruch in Mittelorange

▭ Markierung herausschneiden

1 x im Bruch in Hellorange

– – Markierung Steppung
• • Markierung Augen
–•– Markierung Schere
— Markierung Beine

BRUCH

Fadenlauf

Auge unten
2 x

Schere
2 x in Mittelorange
2 x in Hellorange

◎ Markierung Öse

Pupille
2 x

Auge oben
2 x

Bein
6 x in Mittelorange
6 x in Hellorange

61

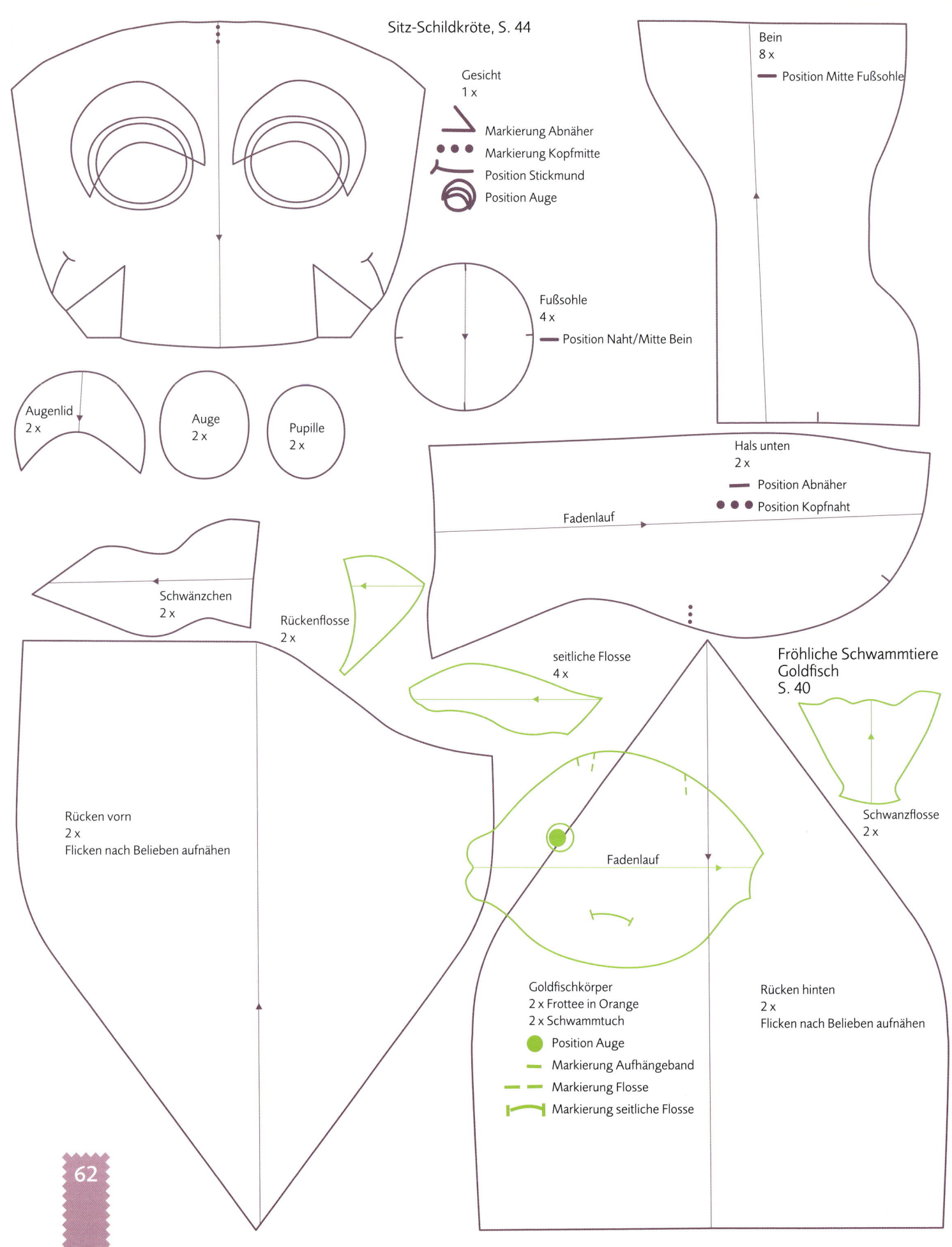

Sitz-Schildkröte, S. 44

Gesicht
1 x

Markierung Abnäher
Markierung Kopfmitte
Position Stickmund
Position Auge

Bein
8 x
Position Mitte Fußsohle

Fußsohle
4 x
Position Naht/Mitte Bein

Augenlid
2 x

Auge
2 x

Pupille
2 x

Hals unten
2 x
Position Abnäher
Position Kopfnaht

Fadenlauf

Schwänzchen
2 x

Rückenflosse
2 x

seitliche Flosse
4 x

Fröhliche Schwammtiere
Goldfisch
S. 40

Schwanzflosse
2 x

Rücken vorn
2 x
Flicken nach Belieben aufnähen

Fadenlauf

Goldfischkörper
2 x Frottee in Orange
2 x Schwammtuch
Position Auge
Markierung Aufhängeband
Markierung Flosse
Markierung seitliche Flosse

Rücken hinten
2 x
Flicken nach Belieben aufnähen

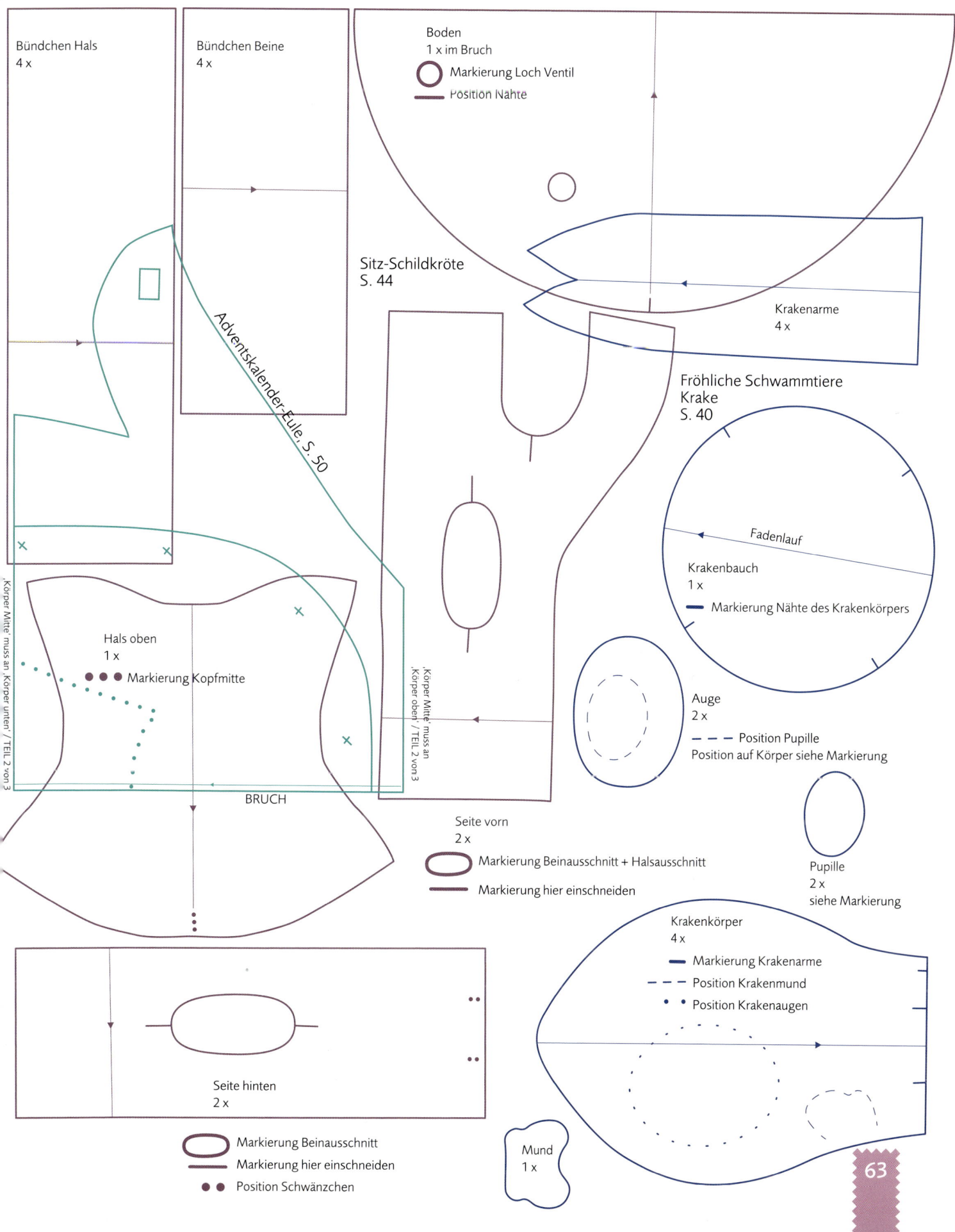

Bündchen Hals
4 x

Bündchen Beine
4 x

Boden
1 x im Bruch

⭕ Markierung Loch Ventil

▬ Position Nähte

Sitz-Schildkröte
S. 44

Adventskalender-Eule, S. 50

Krakenarme
4 x

Fröhliche Schwammtiere
Krake
S. 40

Fadenlauf

Krakenbauch
1 x

▬ Markierung Nähte des Krakenkörpers

Körper Mitte' muss an „Körper unten' / TEIL 2 von 3

Hals oben
1 x

●●● Markierung Kopfmitte

„Körper Mitte' muss an „Körper oben' / TEIL 2 von 3

Auge
2 x

- - - Position Pupille
Position auf Körper siehe Markierung

BRUCH

Seite vorn
2 x

⬭ Markierung Beinausschnitt + Halsausschnitt

▬ Markierung hier einschneiden

Pupille
2 x
siehe Markierung

Krakenkörper
4 x

▬ Markierung Krakenarme
- - - Position Krakenmund
•••• Position Krakenaugen

Seite hinten
2 x

⬭ Markierung Beinausschnitt

▬ Markierung hier einschneiden

●● Position Schwänzchen

Mund
1 x

63

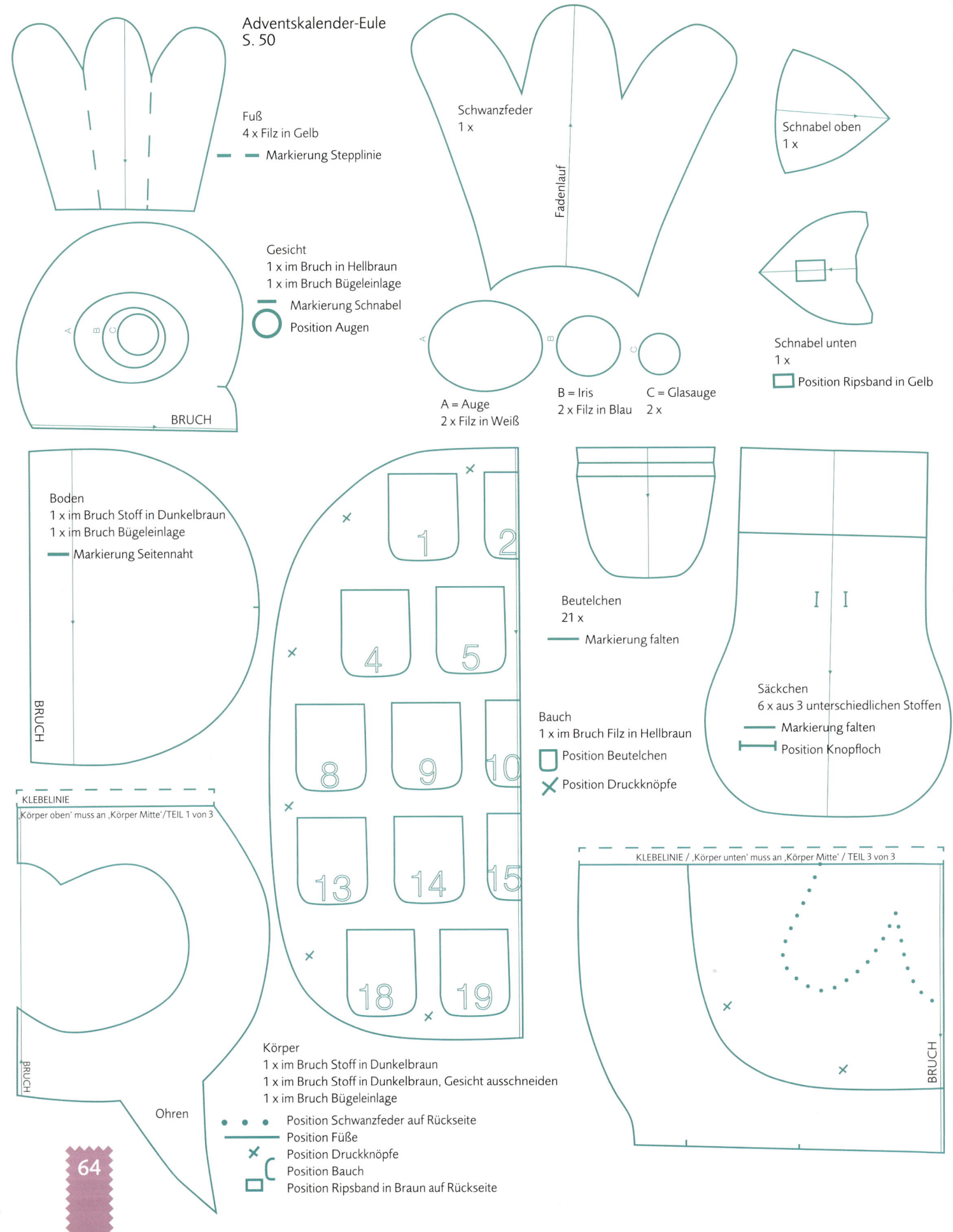

Adventskalender-Eule
S. 50

Fuß
4 x Filz in Gelb
— Markierung Stepplinie

Gesicht
1 x im Bruch in Hellbraun
1 x im Bruch Bügeleinlage
— Markierung Schnabel
○ Position Augen

BRUCH

Schwanzfeder
1 x

Fadenlauf

A

B

C

A = Auge
2 x Filz in Weiß

B = Iris
2 x Filz in Blau

C = Glasauge
2 x

Schnabel oben
1 x

Schnabel unten
1 x
☐ Position Ripsband in Gelb

Boden
1 x im Bruch Stoff in Dunkelbraun
1 x im Bruch Bügeleinlage
— Markierung Seitennaht

BRUCH

1
2
4
5
8
9
10
13
14
15
18
19

Beutelchen
21 x
— Markierung falten

Bauch
1 x im Bruch Filz in Hellbraun
☐ Position Beutelchen
✕ Position Druckknöpfe

Säckchen
6 x aus 3 unterschiedlichen Stoffen
— Markierung falten
⊢⊣ Position Knopfloch

KLEBELINIE
,Körper oben' muss an ,Körper Mitte'/TEIL 1 von 3

KLEBELINIE / ,Körper unten' muss an ,Körper Mitte' / TEIL 3 von 3

BRUCH

Ohren

Körper
1 x im Bruch Stoff in Dunkelbraun
1 x im Bruch Stoff in Dunkelbraun, Gesicht ausschneiden
1 x im Bruch Bügeleinlage
• • • Position Schwanzfeder auf Rückseite
— Position Füße
✕ Position Druckknöpfe
C Position Bauch
☐ Position Ripsband in Braun auf Rückseite

BRUCH